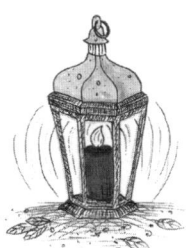

Barbara Rose

Hanna, Lukas und der Friedensfuchs

Barbara Rose

Hanna, Lukas
und der
Friedensfuchs

Mit Illustrationen
von Susanne Maier

HERDER

FREIBURG · BASEL · WIEN

Inhaltsverzeichnis

Kapitel 1

Die Grauen

Ein kräftiger Wind pfeift ums Haus, zerrt an den Bäumen und peitscht durch die Felder. Dicke Tropfen pladdern an die Scheiben, aber es ist ein warmer Frühlingsregen. Und drinnen ist es so gemütlich! Hanna liegt mit ihrem kleinen Bruder Ben auf dem Fell vor dem Kamin, schaut den lodernden Flammen zu und lauscht. „Das ist doch typisch! Wieder ein Ersatzteil, das schon nach kurzer Zeit kaputtgeht. Hätte ich es bloß woanders gekauft und mir nicht aus der *Grauen Seite* liefern lassen", brummt Hannas Vater, während er den gerissenen Keilriemen des Traktors untersucht. „Ich sag's ja immer: Nehmt euch bloß in Acht vor den *Grauen!* Diese Leute sind gefährlich! Sie taugen nichts, sie lügen und betrügen. So war das schon immer und so wird das bleiben. Wir anständigen Bauern von der *Gelben Seite* müssen uns vor denen hüten. Die Menschen auf der *Grauen Seite* sind böse."

Lügen.

Betrügen.

Böse.

Harte Worte, vor allem in den Ohren eines Dreijährigen. Ben hebt den Kopf, seine Augen sind groß und voller Furcht. Ängstlich springt

er auf, drückt sich an seinen Opa, der im Schaukelstuhl vor dem Kamin sitzt, und schiebt seine kleine Faust in die große Opahand. Jetzt pendelt Bens Arm mit dem Arm von Opa mit.

Vor und zurück, vor und zurück, vor und zurück.

Opa Paulus ist blind und fast taub, deshalb hat er wohl nicht gehört, was der Vater gesagt hat. Von den schlechten Menschen auf der anderen Seite der Mauer. Opa Paulus lächelt weiter so freundlich wie immer und drückt Bennis Hand. Warm und fest. Und das ist genau das Richtige für einen kleinen Jungen, dem die Worte des Vaters Angst machen.

„Zieh nicht so ein Gesicht, Ben." Sein Vater zwinkert ihm zu, sperrt den Mund weit auf und bleckt die Zähne. „Uaaaargh! Wahrscheinlich fressen die *Grauen* sogar kleine Kinder."

Hannas Mutter sieht ihren Mann missbilligend an. „Noah, das ist nicht lustig! Erzähl keinen Quatsch."

„Das ist kein Unsinn, Judith. Das ist die Wahrheit, und das weißt du genauso gut wie ich." Hannas Vater verschränkt trotzig die Arme.

„Die *Grauen* sind vielleicht ein bisschen merk-
würdig, aber bestimmt keine Kinderfresser."
Hannas Mutter runzelt die Stirn. „Wenn du so
etwas vor dem Jungen erzählst, bekommt Ben
doch Angst."

„Papas Traktor is' kaputt", sagt Ben. „Und die
Graufresser sind ganz blöd."

„Genau, Junge, so ist es." Vater nickt. „Hütet
euch vor den *Grauen*, vor den schlimmen
Leuten auf der anderen Seite der Mauer." Verärgert donnert er den Keilriemen auf den
Tisch. „Mist, der ist hin, da brauchen wir einen

neuen. Das machen die doch extra, diese *Grauen*. Das Zeug soll gar nicht lange halten. Was das wieder kostet!"

Hanna gähnt. Boah, wie langweilig. Die Geschichte von den *Grauen* hat sie schon tausendmal gehört. Immer das Gleiche. Die *Grauen* werden sie genannt, weil es in deren Bereich der geteilten Stadt viele Fabriken mit hohen, betongrauen Türmen gibt und die meisten Bewohner dort arbeiten. In grauen Kleidern laufen sie herum, in den eintönigen Farben der Betriebe.

Auf der *Gelben Seite* erzählt man sich ständig, wie hinterlistig und gemein die *Grauen* sind. Früher hat Hanna das als Wahrheit einfach so hingenommen, aber da war sie noch so klein wie Ben. Heute ist sie elf und glaubt längst nicht mehr alles, was die Erwachsenen sagen. Viel lieber verlässt sie sich auf ihre eigenen Ohren, ihre Augen und vor allem ihren Bauch. Allerdings hat sie von den *Grauen* noch nie einen gesehen. Wie auch? Die Mauer zwischen den beiden Stadtteilen ist so dick und so hoch, dass da keiner drüberkommt. Zwischen der *Gelben* und der *Grauen Seite* und den dazugehörigen Menschen gibt es keine Verbindung. Bis auf das *Grünland*, ein weitläufiges Waldstück. Dieses Gebiet wird zwar nicht von der Mauer geteilt, ist auch nicht eingezäunt, sondern offen, allerdings verhindern dichte Büsche und dornige Hecken, dass man bequem hindurchspazieren kann. Und außerdem wissen die Menschen auf beiden Seiten der Stadt, dass dieser Wald Sperrgebiet ist. Für die Bewohner der geteilten Stadt ist es streng verboten, einen Fuß ins *Grünland* zu setzen.

Allerstrengstens verboten!

Nur eine einzige schmale Straße führt durch den Wald. Eine Lücke für die Lastwagen, die Lebensmittel oder Waren von der *Gelben Seite* zur *Grauen Seite* bringen. Und umgekehrt. Da die *Graue Seite* am Meer liegt und einen Hafen hat, werden auch Waren aus aller Welt von hier auf die *Gelbe Seite* transportiert. Die Fahrer der Lastwagen werden erst nach einer strengen Sicherheitsprüfung eingestellt. Sie sind die Einzigen, die den großen Wald durchqueren dürfen, die Straße selbst ist mit Schlagbäumen und Wächtern gesichert.

Einmal war Hanna schon im *Grünland.* Heimlich natürlich. Eigentlich war sie nur einer verwundeten kleinen Katze hinterhergelaufen, die dort verschwunden war. Hanna wollte dem Tier helfen, war ihm einfach durch die dornigen Hecken hinterhergestolpert, hatte dabei gar nicht richtig auf ihren Weg geachtet und – *schwupps!* – war sie mittendrin im verbotenen Gebiet gewesen. Und dann hat sich Hanna dort eben ein bisschen umgesehen.

„Ich weiß was, ich weiß was!" Ben hebt die Hand, als wollte er sich wie seine Schwester in der Schule melden. „Hanna war mal in dem Wald. Die hat da rumgeguckt."

„Psst! Sei still, Ben."

So ein Mist. Am liebsten würde Hanna ihrem Bruder jetzt den Mund zuhalten. Wie blöd von ihr, dass sie ihm davon erzählt hat. Wenn ihr Vater das erfährt, bekommt sie mächtig Ärger. Aber der hat Bens Worte glücklicherweise nicht gehört, weil er völlig beschäftigt mit dem kaputten Keilriemen ist.

„Hanna!?", forscht ihre Mutter nach. „Was meint Ben damit, dass du im Wald warst? In welchem Wald?"

Doch Hanna tut so, als hätte sie die Frage der Mutter nicht gehört, sieht aus dem Fenster und springt schnell auf. „Der Regen ist vorbei, ich gehe raus und sehe nach den Tieren."

Zack, weg ist sie, bevor die Mutter etwas entgegnen kann.

Im Flur schnappt sich Hanna ihre Gummistiefel und die Regenjacke und läuft ins Freie. Oh, wie gut es hier riecht. So frisch! Als hätte der

Regen alles einmal kräftig durchgewaschen. Mirko, der alte Schäferhund der Familie, rast erfreut auf Hanna zu und bellt.

„Bist du sauer, weil du beim Regen draußen bleiben musstest, Mirko?" Hanna streichelt den tropfnassen Hund. „Selbst schuld, warum hast du dich auch vorhin in der Schweinekacke gewälzt? Du hast ganz schön gestunken, weißt du das?" Sie schnüffelt kurz an Mirkos Fell. „Aber jetzt bist du wieder sauber. Musst nur noch trocknen. Komm, wir sehen nach den anderen."

Hanna liebt alle Tiere, sie ist mit Hunden und Katzen, Pferden, Schafen und vielen anderen Hoftieren groß geworden. Schon als kleines Mädchen ist sie heimlich auf den Kühen geritten, hat zugesehen, wie Kälbchen und Ferkel zur Welt kamen. Sie hat beim Melken und Füttern und Misten geholfen, auch beim Schlachten, wenn es denn sein musste.

Eilig rupft Hanna ein paar Grasbüschel und jede Menge Unkraut vom Wegrand und wirft einen Teil den fünf Hasen in ihrem Gehege zu. Den Rest hebt sie auf. Den bekommt Karla.

„Guten Tag, ihr Kühe", ruft Hanna vergnügt, als sie den Stall betritt.

Die Kühe begrüßen sie mit lautem Muhen. Karla, die Leitkuh, trottet zu Hannas ausgestreckter Hand und lässt sich von dem Mädchen mit Löwenzahn füttern. Warm, feucht und rau fühlt sich die Zunge auf der Haut an. Hanna lacht. Wie das kitzelt! Aus der Scheune holt sie Karotten, Klee und Rüben und packt sie auf den Futtertisch und in die Krippen.

„Guten Appetit, fresst schön. Jetzt ist alles noch schön kühl vom Regen."

Hanna geht weiter zu den Schafen, Mirko trottet ihr gemächlich hinterher.

„Hallo, Eddi und Rosa und Wollknäuel!", ruft Hanna den drei Schafen auf der Weide zu, die Mirko sofort wichtig zusammentreibt. „Gib mal nicht so an, jetzt spielst du wieder den Hütehund. Aber vorhin hast du einfach nur Quatsch gemacht."

Auch die Schweine in ihrem schlammigen Koben bekommen ein paar Streicheleinheiten und ein bisschen Futter. Danach ist Hannas Hand braun gesprenkelt.

Inzwischen ist die Sonne wieder da, malt glänzende Flecken auf das feuchte Holz der Ställe und Scheunen und strahlt die Wiesen wieder trocken. Das Gelb des Rapses auf den Feldern wirkt nach dem Regen heller, goldener als vorher. Daneben leuchten ganze Wiesen voll sonniger Löwenzahnblüten, die von den Tieren gern gefressen werden. Die Farbe dieser Pflanzen ist es, die der *Gelben Seite* der geteilten Stadt den Namen gegeben hat. Zusammen mit den goldgelben Maiskolben, die im Spätsommer geerntet werden.

Hanna breitet die Arme aus und dreht sich im Kreis. Für sie gibt es nichts Schöneres als ihr Zuhause, den großen Bauernhof mit den vielen Tieren. *Opa Paulus, Noah, Judith, Hanna und Ben – wir sind die Familie Sperling* steht auf einem großen Holzschild am Zaun. Hanna hat es selbst in allen Regenbogenfarben bemalt, damit jeder weiß, dass hier fröhliche Menschen wohnen. Doch Hanna ist nicht nur fröhlich, sie ist auch neugierig und mutig. Ihre Abenteuerlust reicht weit über den Bauernhof der Eltern hinaus ...

Kapitel 2

Geheimnisse

„Und? Was hast du heute vor?", fragt Hannas Mutter, als Hanna in die Küche zurückkommt. Die unbeantwortete Frage nach dem verbotenen Wald hat sie glücklicherweise längst vergessen.

Hanna wäscht sich ausgiebig die Hände, schnappt sich einen Apfel aus dem Obstkorb und beißt krachend hinein. „Mmmmh, mal sehen."

„Du könntest Malin besuchen. Oder mit Tom zum Badesee gehen. Falls das Wasser nicht noch zu kalt ist", schlägt Hannas Mutter vor und lacht. „Könnte ja durchaus sein, dass du in diesen Ferien schon nicht mehr weißt, was du mit dir anfangen sollst."

„Ach, Mama!" Hanna verdreht die Augen. „Ich kann mir mein Programm ganz gut selbst machen, wir haben gerade mal zehn Tage Ferien. Viel zu kurz, die kriege ich locker rum, auch ohne deine Hilfe! Außerdem habe ich Tom erst gestern getroffen, und Malin fährt mit ihren Eltern weg."

Hannas Mutter sieht aus dem Fenster. „Die Sonne scheint wieder, aber es ist noch angenehm kühl. Wie wär's, wenn du die Tiere fütterst?"

„Schon erledigt."

„Eine Runde Gassigehen mit Mirko?"

„War ich heute Morgen schon. Ganz früh." Hanna gähnt. „Und jetzt hat er mich beim Füttern begleitet und so getan, als wäre er der Superhütehund."

„Wenn du willst, kannst du mir beim Backen helfen", schlägt die Mutter vor.

„Nö, danke." Hanna schüttelt den Kopf. „Mach dir keine Sorgen, mir fällt schon was ein. Mir wird nicht langweilig, Mama, bestimmt nicht!"

Auf keinen Fall will Hanna ihrer Mutter verraten, dass sie eigentlich längst weiß, was sie unternehmen will.

Großes Geheimnis!

„Hanna soll gehen. Ich will mit dir backen, Mama", schreit Ben und drückt seine Schwester beiseite. „Und naschen."

„Siehst du, schon hast du jemanden gefunden, der dir beim Backen hilft. Bin gespannt, ob da was vom Teig übrig bleibt."

Hanna angelt sich grinsend einen zweiten Apfel aus dem Korb und steckt ihn in die Hosentasche. „Ich geh dann mal, zum Abendessen bin ich wieder da."

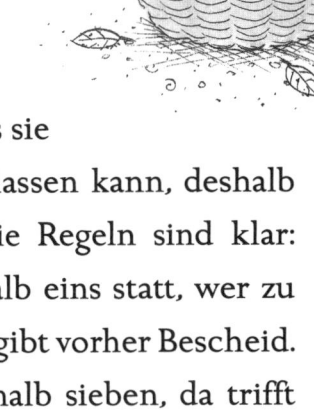

Hannas Mutter weiß, dass sie sich auf ihre Tochter verlassen kann, deshalb fragt sie nicht weiter. Die Regeln sind klar: Mittagessen findet um halb eins statt, wer zu dieser Zeit unterwegs ist, gibt vorher Bescheid. Abendessen gibt es um halb sieben, da trifft sich die ganze Familie. Vorher kann jeder das machen, was er muss oder möchte.

In ihrem Teil der Stadt, auf der *Gelben Seite*, darf Hanna nach Lust und Laune herumstromern, Freunde besuchen, frei sein. Einschränkungen gibt es so gut wie keine, nur das *Grün-*

land ist tabu. Allerdings nicht nur für Hanna, sondern für alle Bewohner der geteilten Stadt, egal auf welcher Seite sie leben. Und genau das macht für Hanna auch den besonderen Reiz aus, hier im *Grünland* will sie sich heute mal richtig umsehen. Abenteuer erleben!

Das geht allerdings nur allein. Vor der Tür wird Hanna von Mirko empfangen, der ihr schwanzwedelnd entgegenstürmt. Offensichtlich hofft er auf einen kleinen Spaziergang.

„Tut mir leid, Mirko." Hanna beugt sich hinunter und wuschelt dem Hund kräftig durchs Fell. „Heute kann ich dich nicht mitnehmen. Wenn du losbellst, dann bekommt jeder mit, was ich vorhabe. Außerdem bist du schon zu alt, um neben dem Fahrrad herzulaufen. Mach irgendwo Platz, los, sei brav!"

Beleidigt verzieht sich der Schäferhund und sucht sich ein schattiges Plätzchen unter einem Baum.

Hanna stapft zum Fahrradschuppen. Das verlassene Waldstück liegt nicht sehr weit entfernt vom Hof der Sperlings. Wenn sie ordentlich in die Pedale tritt, sind es mit dem Rad höchstens zehn Minuten. Mit Daumen und Zeigefinger prüft Hanna gerade, ob noch genug Luft im Reifen ist, da fällt ihr etwas ein. So ein verlassenes Fahrrad, das irgendwo am Rand des *Grünlandes* steht, ist viel zu auffällig. Da würde sich bestimmt schnell jemand Gedanken machen, wo denn derjenige abgeblieben ist, dem das Rad gehört. Also besser laufen. Hanna stöhnt. Inzwischen ist es nämlich ziemlich heiß geworden, die Sonne heizt den feuchten Boden mit ihren Strahlen auf. Tropisches Regenwaldgefühl. Und das, obwohl der Sommer noch gar nicht richtig begonnen hat.

Hanna schlüpft aus ihrer Strickjacke, bindet sie um die Hüfte und marschiert los. Unterwegs schleichen ein paar träge Katzen in den Vorgärten herum, Menschen trifft Hanna keine. Besser so.

Zwei dicke schwarze Krähen begrüßen Hanna, als sie am *Grünland* ankommt, und schlagen aufgeregt mit den Flügeln.

„Freundlich hört sich das aber nicht an", murmelt Hanna.

Eher so, als wollten die Krähen auf die Schilder hinweisen, die hier überall stehen.

Betreten verboten!

Kein Durchgang!

Nur für Lastwagen!

Wer hier eindringt, macht sich strafbar!

Verboten, verboten, verboten.

Aber wie kann ein Wald verboten sein? Und außerdem hat Hanna schon bei ihrem ersten Besuch vor knapp zwei Wochen festgestellt, dass gar nichts passiert, wenn sie das *Grünland* hier betritt. Sie ist schließlich weit weg von der gut bewachten Straße. Hier ist nichts außer dichten Büschen, Sträuchern und Bäumen. Keine Wächter stürmen aus dem Dunkel, keine Zäune versperren den Weg, kein Flutlicht erleuchtet den Wald, wenn sich jemand hineinwagt.

Hanna schnuppert. Wie verheißungsvoll der Wald duftet! Erdig und ein bisschen modrig. Nach Tannennadeln, Pilzen und frischem Holz. Einfach nach Abenteuer. Also los!

Hanna geht ein paar Schritte auf den Wald zu. Die Krähen krächzen noch einmal, beinahe warnend, wie es Hanna vorkommt, und hüpfen wie Gummibälle auf ihren Ästen auf und ab.

„Seid ruhig, ihr Schreihälse. Ich habe keine Angst", ruft Hanna ihnen zu. „Da könnt ihr lange warten. Ich gehe jetzt hinein!"

Hanna sieht sich um, ob irgendjemand sie beobachtet, und macht noch einen Schritt nach vorn. Dunkel und geheimnisvoll liegt das Waldstück vor ihr. Der Duft hat sich verstärkt.

Es riecht nach Harz und Moos und ein bisschen nach Knoblauch. Dass diesen Geruch jedoch nicht die zwiebelige Würzpflanze, sondern bestimmt jede Menge Bärlauch verströmt, ist Hanna klar. Mit Pflanzen kennt sie sich gut aus, dafür sorgt ihre Mutter.

„Bauernkinder müssen die Natur kennen, um sie zu bewirtschaften", betont sie immer wieder. „Pflanzen und Blumen sind lebenswichtig für uns, genauso wie Insekten. Ohne Bienen können wir Menschen nicht überleben."

Hanna blickt noch einmal über ihre Schulter. Die Luft ist rein, kein Mensch ist hier unterwegs. Keiner beobachtet, wie Hanna voll Vorfreude und mit klopfendem Herzen auf das saftig grüne, dichte, geheimnisvolle Waldstück starrt.

Ob sich ihre Erwartungen wohl erfüllen? Beim ersten Besuch war es schon fast Abend, deshalb konnte Hanna nur ein paar Meter der verbotenen Welt erobern. Aber diese wenigen Schritte hatten ihr große Lust auf die dichte, beinahe exotische Pflanzenwelt gemacht.

Wie ein Dschungel war ihr das *Grünland* vorgekommen. Da gab es Blumen, Büsche und Bäume, die sie noch nie gesehen hatte und deren Namen sie nicht kannte. Fremde Düfte lagen in der Luft, ab und zu hatte Hanna ungewöhnliche Tierstimmen vernommen. Grund genug, um sich im *Grünland* noch viel genauer umzusehen. Ob das hier vielleicht das Paradies zwischen den zwei Seiten ist? Das kleine Stückchen Freiheit zwischen der Mauer, die die *Gelbe Seite* und die *Graue Seite* und damit alle ihre Bewohner voneinander trennt?

Hanna holt noch einmal tief Luft.

Dann schlüpft sie hinein.

Kapitel 3

Der Dschungel

Ein paar Meter läuft Hanna einfach geradeaus. So lang, bis man sie von draußen, von der *Gelben Seite* aus, bestimmt nicht mehr sehen kann. Auf einer Lichtung bleibt sie stehen und blickt sich nach allen Seiten um.

Das Dach des Laubwaldes funkelt in der Sonne, die zartgrünen Blätter tanzen im sanften Luftzug. Die Strahlen zaubern helle Flecken auf den Stamm, wie tanzende Lichtpunkte sieht das aus. Die wenigen Nadelbäume, die Hanna entdecken kann, recken sich majestätisch dem Licht entgegen. Unter ihren Nadelkleidern wuchert dichtes Moos, aus dem zarte weiße und schlanke gelbe Blümchen ihre  Köpfe recken. Daneben wachsen Büsche mit saftigen, purpurfarbenen Früchten. Zu gern hätte Hanna eine davon probiert, aber das hat ihr die Mutter streng verboten. Hanna weiß aber auch selbst, dass es viele Früchte gibt, die für Menschen ungenießbar, manchmal sogar giftig sind.

Aber trotzdem – die leuchtenden Farben auf dieser Lichtung sind großartig. Hanna steht ganz still und atmet tief durch. Alles ist noch viel schöner als bei ihrem letzten Kurzbesuch. Wie herrlich dieser Wald ist! Wie ruhig!

In diesem Moment vernimmt Hanna ein Schaben und Kratzen – direkt hinter sich! Erschrocken dreht sie sich nach dem Geräusch um, aber es sind nur zwei Eichhörnchen, die sich gegenseitig einen Stamm hinaufjagen.

„Ihr habt bestimmt mehr Angst vor mir als ich vor euch", ruft Hanna erleichtert und setzt ihren Weg fort.

Und jetzt merkt sie, dass es im Wald doch nicht so still ist.

Irgendwo klopft ein Specht, ganz in der Nähe trappeln kleine, eilige Tierpfoten durchs Unterholz, weit entfernt hört Hanna ein leises Glucksen, vielleicht von einem Bach oder einem Wasserfall.

Von der hellen Lichtung zweigt Hanna ab in ein Gebiet, das so ganz anders ist als der bisherige Mischwald. Bis zu dieser Stelle, die von Felsen umgeben ist, war sie schon bei ihrem ersten Besuch gekommen. Feuchter und schwüler ist es hier, nicht mehr so hell und trocken. Auch die Pflanzenwelt und der Unter-

grund verändern sich. Hier webt kein flaumiges Moos seinen Teppich, sondern Bodendecker wie Efeu oder Schattengrün liegen wie achtlos hingeworfene Kissen zwischen glatten Steinen oder am Rand tiefer Mulden. Und überall sind kleine und große Höhlenöffnungen in den Felsen zu erkennen.

„Das sieht wirklich aus wie im Dschungel!"

Mühsam, aber voller Aufregung bahnt sie sich den Weg über umgestürzte oder schräg stehende Bäume, von denen Wurzeln wie Lianen herunterhängen. Hanna kommt sich vor wie eine Entdeckerin, die ganz neues Land erobert. Ein großartiges Gefühl!

Der Boden ist übersät von Insekten, die eifrig hin und her trippeln. Nur ab und zu bohrt sich ein Sonnenstrahl durch die dichten Blätterkronen, an den übrigen Stellen herrscht geheimnisvolles Dämmerlicht.

Auf einmal hört Hanna ein klägliches Jaulen.

Lauschend bleibt sie stehen. Da – noch einmal. Oder sind es zwei Tiere, die gleichzeitig jammern? Auf jeden Fall hört es sich nicht nach ausgewachsenen Tieren an, da ist sich Hanna sicher. Hier ist ein Tierkind in Not, vielleicht sogar mehrere!

Hastig wischt sie sich den Schweiß von der Stirn und macht sich auf die Suche. Wie gut, dass das Jammern immer wieder zu hören ist, dem Geräusch kann Hanna leicht folgen. Im Zickzack bahnt sie sich ihren Weg durch den ungewöhnlichen Wald. Dabei prägt sie sich ständig irgendeine Besonderheit ein, um sich auf dem Rückweg nicht zu verirren. So, wie sie es schon von frühester Kindheit an von ihrem Vater gelernt hat.

Weit muss Hanna nicht laufen, da erspäht sie eine Höhle. Als sie sich heranpirscht und sich hinter einem über und über mit Schlingpflanzen bewachsenen Baum versteckt, entdeckt sie das Tierkind, das seinen Kopf aus der Höhle streckt. Es ist ein kleiner Fuchs!

„Oh!", entfährt es Hanna, aber sie presst sich schnell die Hand auf den Mund.

Das Tier scheint sie glücklicherweise nicht
gehört zu haben. Wie ein kleiner, rötlicher
Hundewelpe sieht es aus. Zu Hause schmökert
Hanna gern in Tierbüchern und hat mit ihrem
Vater auch schon häufig darüber gesprochen,
wie die Hühner der Familie vor Fuchsangrif-

fen geschützt werden können. Vom Vater weiß Hanna auch, dass kleine Füchse häufig von Spaziergängern mit Hundebabys verwechselt und deshalb mitgenommen werden. Und dieser kleine Fuchs mit seinem rotbraunen Fell, den spitzen Ohren und den dunklen Knopfaugen ist auch wirklich ganz entzückend!

Ein paar Minuten sieht sie dem Kleinen beim Toben zu. Allerdings macht der Welpe immer wieder eine Pause, sieht sich suchend um und bellt, als wollte er jemanden herbeirufen.

Hanna überlegt. Warum er wohl so jämmerlich schreit?

Vielleicht ist seiner Mutter etwas passiert. Vielleicht ist sie sogar ... tot? Überfahren oder von einem Jäger erschossen?

Das wäre nicht besonders überraschend, denn in der Gegend gibt es jede Menge Füchse. Und die dürfen das ganze Jahr über gejagt werden. Am liebsten würde Hanna sofort zu dem Fuchsjungen laufen und es streicheln, aber das wäre völlig falsch. Sie weiß, dass die Füchsin jeden Augenblick zu ihrem Welpen zurückkehren kann. Und dann könnte es gefährlich werden. Manchmal sind ältere Welpen schon so unternehmungslustig, dass sie ihren Müttern entwischen und sich im Wald verirren. Meistens holt die Mutter die Kleinen aber wieder zurück, nachdem sie ihre Witterung aufgenommen hat. All das weiß Hanna, und sie weiß auch, dass es am besten ist, den Fuchsbau und den Welpen erst eine Weile aus sicherer Entfernung zu beobachten, bevor sie irgendetwas unternimmt.

„Wie gut, dass ich mir was zu essen eingepackt habe", erklärt Hanna sich selbst. „Das hier kann dauern."

So gut es geht, macht sie es sich auf einem Stein gemütlich. Nach zehn Minuten rutscht sie auf ihrem Po ein Stückchen nach rechts, nach weiteren zehn Minuten wieder nach links. In der immer gleichen Stellung schlafen langsam ihre Beine ein, sie kribbeln, als würden Ameisen darin hoch- und runterlaufen.

„Wenn ich mich ablenke, geht es bestimmt besser", macht Hanna sich selbst Mut.

Geschützt von hohen Büschen und dem bewachsenen Baum beißt sie vorsichtig in den mitgebrachten Apfel. Leise, denn jedes Geräusch könnte den Fuchswelpen oder seine Mutter auf sie aufmerksam machen. Langsam und konzentriert schiebt sie die Apfelstücke von einer Backe in die andere, kaut wie in Zeitlupe jedes Stückchen, damit sie beschäftigt ist. Mit geschlossenen Augen sitzt Hanna auf dem Stein, isst und döst ein bisschen vor sich hin ... bis plötzlich wieder ein lautes Jaulen ertönt.

Erschrocken reißt Hanna die Augen auf. Oje, jetzt hören sich die Rufe nach der Mutter aber schon sehr jammervoll an. Hanna sieht auf ihre Armbanduhr. Wahnsinn! Sie hat eine glatte Stunde verschlafen! Inzwischen sind fast zwei Stunden vergangen, seit sie den Fuchswelpen entdeckt hat.

„Ich glaube, deiner Mama ist etwas passiert", wispert Hanna und geht langsam auf den Welpen zu. „So lange würde keine Füchsin ihr Junges allein lassen."

Schritt für Schritt tastet sie sich vor, so behutsam wie möglich. Der Welpe sieht ihr erwartungsvoll und mit großen Augen entgegen.

Seine Tasthaare zittern ein bisschen, aber er scheint dennoch keine große Angst vor dem Mädchen zu haben. Hanna weiß, dass der Welpe jetzt vor allem Futter und Wärme braucht. Aber ... sie hat doch gar nichts dabei! Wie kann sie dem Kleinen nur helfen? Was kann sie nur tun?

Vor lauter Grübeln sieht Hanna nicht auf ihren Weg und tritt auf einen morschen Ast.

Das Knacken erschreckt das Fuchskind so, dass es sich eilig in der Höhle versteckt. Nicht ein Fitzelchen Fell ist mehr zu sehen.

„Das ist gar nicht so dumm." Hanna nickt. „Jetzt bist du in Sicherheit, Kleiner. Vielleicht möchtest du dich in meine Jacke kuscheln? Riecht leider nach Mensch und nicht nach Mama. Aber sie hält schön warm." Sie streift sich die Strickjacke von der Hüfte, wälzt sie einen Moment im Moos und auf der Erde, knuddelt sie zu einem Knäuel zusammen und legt sie in den Eingang der Fuchshöhle. „Und morgen früh bin ich wieder da und bringe dir etwas zu fressen. Versprochen. Ich kümmere mich um dich!"

Vorsichtig schiebt sie noch einen Stein vor den Höhleneingang. So kann der Kleine zwar hinaussehen, aber nicht weglaufen. Und vor allem kommt so niemand zu ihm in die Höhle.

Zumindest kein großes, gefährliches Tier.

Zufrieden betrachtet Hanna ihr Werk, dann rennt sie los.

Bis zum Abendessen kann sie es gerade noch schaffen.

Kapitel 4

Welpenmilch

Irgendwie gelingt es Hanna, das Verschwinden der Strickjacke so zu erklären, dass ihre Mutter zufrieden ist und beim Abendessen keine weiteren Fragen stellt. Vorher nimmt sie Hanna allerdings das Versprechen ab, die Jacke am nächsten Tag unbedingt noch einmal bei den Strohballen zu suchen, wo Hanna sie angeblich verloren hat.

Mit einem etwas mulmigen Gefühl geht Hanna an diesem Abend sehr früh ins Bett. Einerseits, weil sie ihre Mutter wegen der Jacke angeschwindelt hat, andererseits, weil sie sich Sorgen um den kleinen Fuchs macht.

Früh am Morgen ist sie wach. Sehr früh.

„Hanna?" Opa Paulus sitzt bereits am Frühstückstisch und schlürft seinen Morgenkaffee.

45

Er liebt es, schon bei Sonnenaufgang aus dem Bett zu krabbeln, Frühstück für alle zu machen und eine Weile in der stillen Küche den Tag zu

begrüßen. Keiner stört, wenn er mit bedächtigen Handgriffen jeden Teller einzeln aus dem Schrank fischt, auf dem Tisch platziert und die Tasse auf die Untertasse balanciert.

Jeder Handgriff sitzt, aber alles geschieht wie in Zeitlupe. Am liebsten hat es Opa Paulus, wenn ihn keiner dabei beobachtet. Dann fühlt er sich nicht wie ein Mensch, der blind und fast taub ist. Dann fühlt er sich wie einer, der im Haushalt mithilft, der wichtig ist und gebraucht wird.

„Hanna, bist du es?" Eigentlich weiß Opa Paulus die Antwort schon, bevor Hanna sie gibt, denn er erkennt alle Mitglieder der Familie an deren Schritt.

„Guten Morgen, Opa", flüstert sie ihm ins Ohr und drückt einen Kuss auf die faltige Opawange. „Ich muss ganz früh los. Ich muss nämlich ..." Hanna zögert.

„Du musst etwas Wichtiges erledigen, verstehe", beendet Opa ihren Satz. Er schmunzelt. „Ich soll bestimmt nicht fragen, um was es sich handelt."

„Genau." Hanna streichelt sachte über seine Hand. „Weißt du, wo die Milch ist, die wir für die letzten Hundebabys gekauft haben?"

Am Abend hat Hanna noch nachgelesen, dass junge Füchse am besten mit einer Mischung

aus Hundewelpenmilch und Haferflocken gefüttert werden.

Opa Paulus nickt. „Im Vorratsschrank beim
Tierfutter. Ganz unten rechts. Ich habe sie
selbst dort verstaut."

Hanna wartet, ob der Opa noch eine Frage
stellen wird. Aber er bleibt stumm. Das liebt
sie so an Opa Paulus: Er hat immer ein offe-
nes Ohr für sie, doch er muss nicht alles wissen, er drängt sie nie, etwas zu erzählen. Und
heute möchte Hanna nicht erzählen, wozu sie
die Milch braucht und wohin sie aufbrechen
wird.

Deshalb saust sie los und sieht wortlos im Vorratsschrank nach. Tatsächlich! Es gibt noch genug Milch, die sie dem Fuchs bringen kann. Haferflocken zum Untermischen sind auch da. Hanna packt noch eine Metallschüssel und einen Löffel in ihren Rucksack.

„Hast du alles? Ich würde gern noch mit dir frühstücken." Opa Paulus nippt wieder an seinem Kaffee. Dann schält er einen Apfel, schneller als jeder Sehende es könnte, halbiert und entkernt ihn und reibt das Fruchtfleisch in seine Schale und in die, die Hanna ihm hinschiebt. Schweigend essen beide ihr Müsli, Hanna ist viel schneller fertig als ihr Opa. Aufgeregt rutscht sie auf ihrem Stuhl hin und her.

Nach fünf Minuten springt sie auf. „Sagst du Mama und Papa, dass ich zum Mittagessen wieder da bin?"

Opa Paulus nickt. Er spürt, wie ungeduldig Hanna ist und dass sie etwas vorhat, was nicht mit den Eltern abgesprochen ist. Aber er spürt auch, dass es etwas Gutes ist. Und dem will er auf keinen Fall im Weg stehen.

„Ich richte aus, dass du deine Strickjacke suchst und vielleicht noch bei einer Freundin vorbeischaust."

Hanna lächelt und umarmt Opa Paulus. „Du bist der Beste!"

Strahlender Sonnenschein empfängt sie, als Hanna aus dem Haus tritt. Die Luft ist watteweich und es duftet nach frisch gemähtem Gras. Herrlich!

So schnell wie an diesem Morgen ist Hanna noch nie im *Grünland* gewesen. Dieses Mal nimmt sie das Fahrrad und schiebt es so unter einen Busch, dass es keiner entdecken kann.

Jetzt aber los! Sie will keine Zeit verlieren und ganz schnell zu dem kleinen Fuchs.

Hoffentlich geht es ihm gut.

Eilig läuft Hanna zunächst zur Lichtung, von dort bahnt sie sich den Weg durch den Dschungel und hält immer Ausschau nach den Dingen, die sie sich zur Orientierung eingeprägt hat. Der Ast, der aussieht wie ein Wegweiser – dort ist sie gestern schon vorbeigekommen. Und da – der Steinhaufen, der wirkt, als hätte ihn ein Riese aufgeschichtet – hier muss sie

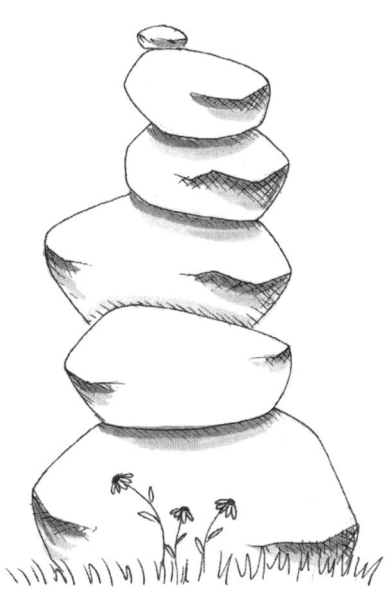

links abbiegen. Jetzt kommt bald der Baum,
hinter dem sie sich gestern versteckt hat. Und
von dort kann Hanna auch schon den kleinen
Fuchs sehen.

Offensichtlich hat er sich doch irgendwie am
Stein vorbei nach draußen gezwängt. Im sanf-
ten Sonnenlicht spielt der Welpe mit einem
Gegenstand auf dem Boden, tupft immer wie-
der mit den Pfoten hinein oder trinkt daraus.
Hanna stutzt und sieht genau hin. Das Ding ist
ein ... – sie kann es kaum glauben – es ist ein
Futternapf! Gefüllt mit einer weißen Flüssig-

keit. Wahrscheinlich Welpenmilch, wie Hanna sie auch mitgebracht hat.

„Das gibt's doch nicht", brummt sie enttäuscht. Um ihre Schulter hängt die schwere Tasche mit der Milch, den Haferflocken, der Schüssel und dem Löffel. So weit hat sie alles hergeschleppt – und jetzt?

„Da war schon jemand vor mir da und hat den Welpen gefüttert. Und bestimmt auch den Stein weggenommen. So ein Mist!", wispert Hanna und sieht sich erschrocken um.

Beobachtet sie etwa jemand?

Aber aus dem entspannten Zwitschern der Vögel und dem unbekümmerten Spiel des

Fuchswelpen kann sie schließen, dass keiner außer ihr in der Nähe ist.

Hanna überlegt. Eigentlich ist das *Grünland* verbotenes Gebiet. Wer außer ihr wagt sich hier hinein? Oder ist es vielleicht sogar ein Aufpasser, der hier zu tun hat und dem sie möglicherweise in die Arme laufen könnte? Vielleicht lauert er ihr auch irgendwo auf, packt sie und dann bekommt sie riesigen Ärger mit den Wächtern, die es in der geteilten Stadt gibt. Aber kann einer, der ein Fuchsbaby füttert, überhaupt ein schlechter Mensch sein? Vielleicht ist es jemand, der den Welpen genauso zufällig entdeckt hat wie sie. Wobei das ziemlich ärgerlich wäre, denn es ist doch ihr Fuchsbaby, sie hat es als Erste erspäht und will sich um das Kleine kümmern!

„So was Blödes!" Vor Aufregung nagt Hanna an ihrer Unterlippe.

Eine Weile beobachtet sie, wie der Fuchs über eine Wurzel purzelt, quiekende Laute von sich gibt, sich putzt oder von der Milch futtert. Es scheint ihm nicht schlecht zu gehen, auch ohne Mutter. Hanna strafft die Schultern.

Also gut. Heute ist ihr jemand zuvorgekommen. Aber ab morgen, da wird sie dafür sorgen, dass der Fuchs alles hat, was er braucht. Sie wird darüber wachen, dass der Welpe ungestört aufwachsen kann.

Und wenn sie dafür noch viel, viel früher aufstehen muss!

Kapitel 5
Die Verfolgung

Nicht mal Opa Paulus ist am nächsten Morgen wach, als Hanna das Haus verlässt. Die ganze Nacht hat sie gegrübelt, was sie als Erklärung für ihr frühes Aufstehen und Weggehen auf einem Zettel hinterlassen könnte. Endlich ist es ihr dann eingefallen.

Vor einigen Jahren, als Oma Luise noch lebte, hat sie Hanna manchmal noch vor Sonnenaufgang geweckt. Und dann sind die beiden über die Wiesen rund ums Haus der Familie Sperling gehüpft. Barfuß. *Taulaufen* hatte die Oma das immer genannt, wenn die Feuchtigkeit an den Grashalmen ihre nackten Füße kühlte. Hanna hatte es geliebt, einen Sommermorgen auf diese Weise zu begrüßen.

Macht Euch keine Sorgen, ich bin taulaufen.

Wie früher mit Omi.

Vielleicht besuche ich noch Leni.

Komme zum Mittagessen.

Bussi von Hanna!

steht auf dem Zettel, den Hanna auf dem Küchentisch hinterlässt. Und weil Hanna nicht schwindeln möchte, zieht sie draußen vor der Tür tatsächlich zunächst ihre Schuhe und die Socken aus und flitzt einmal über die taunasse Wiese.

„*Taulaufen, taulaufen*
durch das nasse Gras.
Taulaufen, taulaufen
ist ein Riesenspaß",

trällert Hanna dabei leise Oma Luises Lied.
Erst danach macht sie sich auf ins *Grünland*.
Wie am Tag zuvor versteckt Hanna ihr Rad

unter dem Busch und stapft los zum Fuchs. Ihr Herz pocht so laut, dass sie das Gefühl hat, der ganze Wald könnte es hören. Schneller, immer schneller wird sie, als der Fuchsbau nur noch ein paar Meter entfernt ist.

„Juhu!", platzt es aus Hanna heraus, als sie vor der Höhle steht.

Der kleine Fuchs ist nicht zu sehen, aber der Napf ist leer. Keiner ist Hanna heute zuvorgekommen, sie ist Erste!

Hanna füllt die Schale mit Welpenmilch und rührt behutsam einige Handvoll Haferflocken hinein. Dann zieht sie sich eilig in ihr Versteck hinter dem Baum zurück, wartet und lauscht, ob sich vielleicht noch jemand dem Fuchsbau nähert. Ab und zu knackt es im Unterholz. Aber außer einem trägen Igel und ein paar frühen Morgenvögeln hört und sieht Hanna nichts und niemanden.

„Na, was ist los, Füchschen? Willst du nicht mal rauskommen? Das Frühstück ist fertig", flüstert Hanna mit Blick auf die Erdhöhle.

Ob sie den Welpen wohl vorhin mit ihrem lauten Jubelschrei so erschreckt hat, dass er sich nicht mehr rauswagt?

Hanna seufzt, reißt einen Grashalm ab und kaut zur Ablenkung darauf herum.

Fünf Minuten.

Zehn Minuten.

Nichts regt sich.

Fünfzehn Minuten.

Endlich, nach einer gefühlten Ewigkeit, schiebt sich ein winziges Schnäuzchen aus dem Höhleneingang. Hanna kann sogar aus der Entfernung erkennen, dass die Tasthaare des kleinen Fuchses aufgeregt zittern. Vorsichtig prüft das Fuchskind, ob die Luft rein ist. Seine Ohren sind erst steil aufgerichtet, drehen sich dann nach rechts und links.

„Fein machst du das. Genau wie du es sicher von der Mama gelernt hast", lobt Hanna leise.

Von ihrem Vater weiß Hanna, dass Füchse ein unglaublich feines Gehör haben. Sie können Maulwürfe unterirdisch graben, Regenwürmer aus der Erde kriechen und Käfer an einem Baumstamm klettern hören!

Offenbar kommt der Welpe zu dem Ergebnis, dass keine Gefahr droht. Schnurstracks tapst er zum Napf. Gierig schleckt und schmatzt er die Futtermischung und leckt sich anschließend Pfoten und Schnauze. Kaum ist es fertig, dreht sich das Fuchskind immer wieder im Kreis und jagt seinen eigenen Schwanz. Danach hüpft es ein paar dicken Hummeln hinterher. Das sieht so lustig aus, dass Hanna laut lachen muss. Aber geistesgegenwärtig hält sie sich die Hand vor den Mund, um den Kleinen nicht schon wieder zu erschrecken.

Auf einmal vernimmt sie ein lautes Knacken, dann heftiges Rascheln und das Geräusch von federnden Schritten auf dem weichen Waldboden. Die Schritte werden immer schneller. Da läuft jemand weg! Hannas Herz klopft ihr bis zum Hals. Hat der Flüchtende ihr Lachen gehört? Hat er sie vielleicht sogar gesehen? Ein mulmiges Gefühl breitet sich in Hanna aus. Es fühlt sich nicht gut an, beobachtet zu werden. Wobei ... Hanna überlegt. Sie war so gut versteckt hinter ihrem Baum und zwischen den dichten Büschen. Ob sie da wirklich jemand entdeckt haben kann?

Hanna wirft einen Blick auf den Fuchs, aber der ist längst in der Höhle verschwunden. Bestimmt dauert es jetzt wieder ewig, bis er sich erneut heraustraut. Außerdem will Hanna sowieso lieber die Verfolgung des Unbekannten aufnehmen.

„Ich muss wissen, wer du bist!"

Vorher spurtet sie allerdings noch schnell zur Fuchshöhle und schnappt sich die Strickjacke, die sie dem Welpen zum Wärmen dagelassen hatte. Inzwischen ist die Jacke nicht nur ziemlich schmutzig, sondern hat auch einige Löcher. Hanna seufzt. Mama wird nicht begeistert sein ...

Vorbei an den zahlreichen Erdhöhlen und den schrägen Bäumen mit den Lianen läuft Hanna hinaus auf die Lichtung. Kurz glaubt sie, auf der gegenüberliegenden Seite einen Menschen zu erkennen, eher so groß wie sie, schmal und flink. Aber als sie die Augen zukneift, um besser sehen zu können, ist da keiner mehr. Dafür knackt es im angrenzenden Wald wieder so laut, als würde jemand auf morsches Holz treten. Hanna rennt weiter. Der Schweiß steht ihr inzwischen auf der Stirn, aber sie will sich auf keinen Fall abhängen lassen. Vielleicht erwischt sie den Kerl ja noch. Hanna hat keinen Zweifel daran, dass er es ist, der dem Welpen gestern Milch hingestellt hat. Und wenn er oder sie vor ihr davonläuft, dann kann es auch kein Aufpasser oder Wächter sein.

Hanna rennt und rennt, so schnell sie ihre Beine tragen.

Irgendwann kann sie nicht mehr. Hanna gibt auf und dreht um. Völlig außer Puste kommt sie an der schmalen Straße am Rand des *Grünlandes* an. Dort, wo sie ihr Fahrrad versteckt hat.

„Mist", brummt Hanna, stemmt die Hände in die Hüften, schnauft erst mal richtig durch

und wirft einen Blick auf ihre Armbanduhr.
Verflixt, sie muss dringend nach Hause. Eilig
zerrt sie ihr Fahrrad unter dem Busch hervor,
schwingt sich auf den Sattel und tritt in die
Pedale.

Kapitel 6

Das Wettrennen

An den beiden nächsten Tagen schafft es Hanna nicht, wirklich früh aus dem Haus zu kommen. An einem Tag muss sie ihrer Mutter beim Beerenpflücken helfen, am anderen wird sie vom Vater im Stall gebraucht. Und jedes Mal, wenn sie dann wieder heimlich zum Fuchs geht, ist der Napf schon gefüllt. Wie ärgerlich! Sie beschließt, ihren Opa um Hilfe zu bitten.

„Opa?", fragt Hanna ihn beim gemeinsamen Spaziergang. „Ich muss morgen ganz früh los, noch vor Sonnenaufgang. Kannst du dir irgendwas einfallen lassen, wenn Mama und Papa wissen wollen, wo ich bin?"

Opa Paulus bleibt stehen und stützt sich mit einer Hand auf seinen Blindenstock. Die andere hält er Hanna aufs Herz und runzelt die Stirn.

„Ich spüre, dass du nichts Schlechtes vorhast, Kind. Willst du es mir nicht verraten?"

„Noch nicht", sagt Hanna so laut, dass Opa Paulus es gut hören kann. „Ich muss jemandem helfen und ... und das ist ... irgendwie ein bisschen ... kompliziert."

„Wenn du gut auf dich aufpasst und deiner Sache sicher bist, dann helfe ich dir. Kann ich mich auf dich verlassen?"

Hanna umarmt Opa Paulus zärtlich. „Immer, Opa!"

Ein bisschen mulmig ist ihr schon zumute, als sie sich am nächsten Morgen noch bei Dunkelheit aus dem Haus schleicht. Aber eigentlich muss sie sich keine Sorgen machen, das weiß sie. Zu Erntezeiten ist Hanna häufig in aller Frühe mit ihren Eltern oder allein auf den Feldern unterwegs. Und auf der *Gel-*

ben Seite gehen die Menschen freundlich und friedlich miteinander um, keiner tut dem anderen etwas zuleide.

„Nur bin ich gleich nicht mehr auf der *Gelben Seite*", murmelt Hanna, während sie in die Pedale tritt, „sondern im verbotenen *Grünland*. Aber der andere ist auch ein Fuchsfreund, also muss ich keine Angst vor ihm haben."

Dennoch will sich Hanna keiner Gefahr aussetzen, das hat sie sich fest vorgenommen. Sie will den Welpen füttern und dann heimlich aus ihrem Versteck beobachten, ob sich der andere Fuchsfreund dem Kleinen nähert. Nur beobachten, mehr nicht. Auf keinen Fall will sich Hanna zu erkennen geben.

Also los!

Der kleine Fuchs ist so hungrig, dass er sich schon nach wenigen Minuten über das Futter hermacht, das Hanna ihm hingestellt hat. Wahrscheinlich ist er selbst überrascht, dass es so früh schon etwas zu fressen gibt. Hanna schafft es gerade noch, in ihrem Versteck zu verschwinden, so schnell flitzt der Welpe aus seiner Höhle.

Nur ein paar Minuten später hört Hanna es im Unterholz knacken, Blätter rascheln, federnde Schritte stapfen über den Waldboden.

Hanna hält den Atem an. Ihr Puls rast, das Herz schlägt wie eine Trommel.

Beinahe hat sie das Gefühl, als würde der ganze Wald von ihrem Herzschlag widerhallen.

Die Schritte kommen näher. Und näher. Noch näher ...

Stocksteif und bewegungslos sitzt Hanna auf dem Stein hinter dem Baum und beobachtet, wie sich ein Junge in ihrem Alter vorsichtig an die Höhle des Welpen heranpirscht. Kurze,

braune Haare hat er und trägt eine kieselfar-
bene Umhängetasche und Kleider im gleichen
Farbton. Der Junge ist ein *Grauer!*

Vor Überraschung hätte Hanna am liebsten
aufgeschrien und sich verraten. Stattdessen
atmet sie tief durch und verfolgt weiter, was
geschieht.

„Hütet euch vor den Leuten auf der anderen
Seite der Mauer", hallen die Worte ihres Vaters
in Hannas Ohren. „Sie lügen und betrügen. Sie
sind böse!"

Lügen.

Betrügen.

Böse.

Mit angehaltenem Atem mustert Hanna den Jungen. Abschreckend sieht er nicht aus, auch nicht besonders stark oder Furcht einflößend. Im Gegenteil! Er wirkt wie ein ganz normaler Junge in Hannas Alter.

Jetzt hat der Junge entdeckt, dass schon jemand vor ihm den Fuchs gefüttert hat. Sichtbar enttäuscht schaut er sich um, lässt seinen Blick in alle Richtungen wandern ... auch zu Hannas Versteck.

„Hallo?", ruft er. „Ist da jemand?"

Seine Stimme ist weich, die dunklen Augen blicken wach und freundlich.

Der Welpe hält schreckhaft beim Futtern inne und verschwindet eilig in der Höhle.

„Ich weiß, dass da jemand ist", ruft der Junge ohne Rücksicht auf das Fuchskind, „also zeig dich!"

Hanna zögert einen Moment, aber dann nimmt sie all ihren Mut zusammen, strafft die Schultern und tritt hinter dem Baum hervor.

„Mit deinem lauten Geschrei hast du den kleinen Fuchs total erschreckt. Der kommt heute bestimmt nicht mehr raus. Was machst du hier?", blafft sie den Jungen an.

Der Junge verengt die Augen zu schmalen Schlitzen und mustert sie misstrauisch. „Das Gleiche könnte ich dich fragen."

„Das ist mein Fuchs", erklärt Hanna.

„Ach ja?" Ein spöttisches Grinsen huscht über sein Gesicht. „Wie kommst du darauf?"

„Weil ich ihn entdeckt habe. Und weil ich ihn füttere."

Der Junge holt eine Packung Welpenmilch aus seiner Tasche. „Das mache ich auch. Und gestern und vorgestern war ich als Erster hier."

„Aber davor war ich da." Hanna schnaubt. „Außerdem darfst du gar nicht hier sein, das ist verbotenes Gebiet."

Der Junge grinst. „Für dich aber auch." Interessiert betrachtet er Hanna von oben bis unten. Sein Blick bleibt an ihren Haaren hängen, die sie zu einem Pferdeschwanz gebunden hat, ihrer bunten Kleidung, ihren Turnschuhen. „Bist von der *Gelben Seite*, stimmt's?"

„Und was geht dich das an?" Verlegen streicht Hanna sich eine Strähne aus dem Gesicht. „Verschwinde!"

Doch da packt sie der Junge sanft am Arm und zieht sie hinter den nächsten Baum. „Psst, er kommt wieder raus." Er deutet auf den Fuchsbau und lächelt. „Ich könnte ihm stundenlang zuschauen. Das geht doch auch zusammen, oder? Ich heiße Lukas – und du?"

„Hanna", erwidert Hanna, unschlüssig, wie sie sich verhalten soll.

Irgendwie findet sie den Jungen ... nett. Aber das kann, das darf doch gar nicht sein, schließlich ist er ein *Grauer!*

Böse.

Böse.

Böse,

hämmert es in Hannas Kopf. Allerdings nur für eine Weile. Dann, als hätten sie nie etwas anderes getan, kauern Hanna und Lukas gemeinsam hinter dem Baum und beobachten den Welpen. Ab und zu beäugt jeder den anderen, natürlich klammheimlich. Doch die Hauptrolle spielt der Fuchswelpe. Spielerisch nagt er an einer Wurzel herum, jagt einem Schmetterling hinterher oder rollt sich gähnend vor der Höhle zusammen. So entspannt, als wäre er ganz allein im Wald.

„Was meinst du, wie alt er ist?" Lukas dreht Hanna das Gesicht zu.

„Wer?", fragt sie überrascht.

„Na, der Fuchs", antwortet Lukas. „Ungefähr mit drei Monaten sollte er zweimal pro Woche ein rohes Ei bekommen. Das brauchen Fuchswelpen, damit ihre Knochen wachsen können. Aber bestimmt kann das vorher auch nicht schaden, denke ich. Bei uns gibt es keine Eier. Also ... nur manchmal. Sie sind ...", er räuspert sich verlegen, „sie sind meinem Vater viel zu teuer, wie alles von der *Gelben Seite*. Hast du genug Eier zu Hause, kannst du morgen welche mitbringen? Dann probieren wir mal aus, ob es ihm schmeckt."

Hanna ist ein bisschen überrascht, dass Lukas sie in seine Pläne einbezieht. Aber irgendwie fühlt es sich auch gut an.

„Kein Problem, mache ich. Wir haben jede Menge Hühner."

„Dachte ich mir schon", flüstert Lukas. „Ihr *Gelben* habt von allem genug, also vom Essen, meine ich."

Hanna tut so, als hätte sie seine Bemerkung nicht gehört. Sie sieht auf die Uhr. „Es ist noch gar nicht spät. Wir könnten uns noch ein bisschen im *Grünland* umsehen."

Lukas nickt. „Dann los!"

Und während sie vorsichtig aufsteht, muss Hanna lächeln. Über diesen besonderen Morgen.

Über die Begegnung mit Lukas.

Über die Tatsache, dass der *Graue* wohl einfach nur ein Mensch ist wie jeder andere auch.

Kapitel 7

Das Unwetter

Den ganzen Vormittag streifen die beiden meist schweigend durchs *Grünland*.

Als sie durstig sind, zeigt Lukas Hanna den kleinen Bach, den sie schon häufiger hat rauschen hören, aber noch nie gesehen hat. Ganz in der Nähe der Lichtung fließt er und ist so klar, dass sich jede Menge Fische darin tummeln. Das Wasser ist kalt und schmeckt herrlich frisch.

Während ihnen die Vormittagssonne auf den Kopf scheint, baumeln die Füße der zwei im Wasser und kühlen schön von unten.

„Gut, oder?" Lukas blinzelt Hanna zu.

„Ziemlich gut", antwortet sie.

Eigentlich würde sie gern mehr sagen, aber ...

Lukas ist und bleibt ein *Grauer*, und über die hat sie schon zu viel gehört. Zu viel Schlechtes.

Vielleicht will er sie ja nur aushorchen und dann alles weitererzählen. Vielleicht will er irgendwas von ihr ... irgendwas ... irgendwas ... ja, was eigentlich? Hanna schluckt trocken. Was sollte ihr ein Junge in ihrem Alter eigentlich tun, wovor sollte sie Angst haben? Hanna weiß es selbst nicht so genau, aber die vielen

zweifelhaften Dinge, die sie über die Menschen auf der *Grauen Seite* gehört hat, sorgen dafür, dass ihr die Worte im Hals stecken bleiben.

Lukas geht es genauso, aber das weiß Hanna nicht.

Beide spüren, dass zwischen ihnen eine Art Wand ist, die sie gar nicht selbst gebaut haben. Die Mauer, die durch die geteilte Stadt verläuft, ist auch in ihnen. Eine Mauer aus Wörtern, Sätzen, aus Ahnungen und Vermutungen, Anschuldigungen und Abneigung. Eine Mauer, die sich nicht so schnell einreißen lässt.

„Schau mal, es sieht nach Gewitter aus", unterbricht Lukas plötzlich das Schweigen.

Stimmt! Vor lauter Grübeln hat Hanna gar nicht gemerkt, dass es mit einem Mal kühl geworden ist. Auf ihren nackten Armen und Beinen bildet sich Gänsehaut. Als Hanna aufblickt, schieben sich gerade tintenschwarze Wolken vor die Sonne und verdunkeln den Himmel. Ein heftiger Wind kommt auf, peitscht durch die hohen Gräser am Rande des

Baches und lässt die Blätter an den Bäumen er-
zittern.

„Ich muss sowieso dringend nach Hause",
meint Lukas. „Mein Vater wartet."
„Rennen?", fragt Hanna mit skeptischem Blick
zum Himmel.
Lukas nickt. Und dann sausen sie los. Dicke
Tropfen klatschen auf die beiden und durch-
weichen ihre Kleider innerhalb von Sekun-
den. Aber der Regen ist nicht das Schlimms-
te, viel gefährlicher bei einem Gewitter sind

die Blitze! Zischende, krachende Naturgewalten, denen man sich besser nicht aussetzen sollte.

Gerade als sie mitten auf der Lichtung sind, schießt es Hanna durch den Kopf, dass sie nun völlig schutzlos sind. Im Wald wären wenigstens die Bäume, aber ... nein ... Unsinn! Die soll man bei Gewitter unbedingt meiden. Obwohl sie dann nicht noch nasser würden. So ein Mist!

Da erspäht Hanna am Waldrand den Eingang zu einer Höhle. Sicher groß genug, um darin eine Weile Schutz zu suchen. Ganz bestimmt ausreichend für zwei.

„Siehst du die Höhle?", brüllt sie Lukas zu. „Komm, wir schlüpfen dort unter!"

„Geht nicht." Lukas schüttelt den Kopf. „Ich muss heim. Sonst kommt mein Opa, um mich zu suchen. Ich bin schon viel zu spät dran, ich kann nicht länger wegbleiben."

Hanna sieht ihn kurz an. Dann eben nicht. Für Diskussionen ist jetzt keine Zeit, auch nicht für lange Verabschiedungen. Hanna ist völlig durchnässt. Ihr ist kalt, eisig kalt, die nassen

Kleider sind schwer und ihre Beine sind müde. Den Blick starr auf die Höhle gerichtet, sprintet sie los. Ihr doch egal, was aus dem fremden Jungen wird.

In diesem Moment tobt das Gewitter richtig los.

Irgendwo ganz in der Nähe muss es eingeschlagen haben.

Dutzende von Blitzen zucken am Himmel, Donnerschläge dröhnen Hanna in den Ohren. Erleichtert drückt sie sich in den Höhleneingang, der sich nach hinten weit öffnet. Nur Steine und Erde sind hier drin, kein Hinweis auf irgendein gefährliches Tier. Trocken ist es, ein bequemer Zufluchtsort. Rettung in letzter Sekunde!

Hanna kauert sich fröstelnd auf den Boden und schlingt die Arme um die Knie. Schon besser. Der Regen war spitz wie Nadelstiche, sehr unangenehm. Während ihr die Nässe von den Haaren ins Gesicht

tropft, beobachtet sie, wie Lukas mit großen Schritten in die entgegengesetzte Richtung eilt. Nah am Waldrand läuft er, damit ihn der Regen nicht voll erwischt. An einer Stelle macht er für einen Augenblick Halt, stemmt atemlos die Hände in die Hüften, beugt sich vor, um kurz zu verschnaufen. Und in diesem Moment sieht Hanna ihn: den großen Ast, der wohl vorhin vom Blitz getroffen wurde und nun nur noch an einem seidenen Faden zu hängen scheint. Gleich wird er herunterstürzen. Genau auf den Jungen aus dem *Grauen Teil* der Stadt.

„Lukas!", schreit Hanna.

Doch das Gewitter ist wie ein zorniges Tier. Es faucht und brüllt und kreischt. Viel lauter als Hannas Stimme, viel lauter als das Knacken des Astes, der sich gerade wieder ein kleines Stück abgesenkt hat.

„Lukas, weg da!", versucht Hanna es noch einmal.

Als er immer noch nicht reagiert, saust sie los. Aus der Höhle hinaus, über die Lichtung, geradewegs auf Lukas zu.

In diesem Moment richtet er sich auf und sieht Hanna verwundert an, wie sie mit den Armen fuchtelt, den Mund zum Schreien weit geöffnet. Mit fragendem Blick geht Lukas ihr entgegen. Ein, zwei, drei, vier Schritte und ...

... hinter ihm donnert der schwere Ast auf den Boden. Holz splittert, Spreißel spritzen durch die Gegend, als sich der Ast in den feuchten Waldboden bohrt.

Abrupt dreht sich Lukas erst zum Ast, dann zu Hanna um.

„Krass! Ich glaube, wenn du nicht gewesen wärst ... also ... ich muss mich bei dir be..."

Sie schüttelt wortlos den Kopf und zieht ihn an der Hand zurück zur Höhle. Erst als sie erschöpft nebeneinander auf dem Boden hocken, bemerkt Hanna, wie Lukas seine Finger in die Oberschenkel krallt. Er zittert. Nicht vor Kälte, sondern im Wissen darum, was alles hätte passieren können.

„Du hast echt Glück gehabt", flüstert Hanna nach einer Weile.

Lukas nickt. „Ich danke dir."

„Du hättest das Gleiche gemacht."

„Hätte ich das?"

„Ganz bestimmt." Hanna seufzt. „Ich schäme mich dafür, was ich zuerst von dir gedacht habe."

„Dass ich ein *Grauer* bin? Gemein und hinterlistig?" Lukas reibt sich die Hände. „Ich habe das auch von dir angenommen."

„Ich weiß." Hanna nickt verlegen. „Wir haben uns einfach auf das verlassen, was wir gehört haben. Was man uns immer erzählt hat. Anstatt miteinander zu reden und uns kennenzulernen."

Vorsichtig legt Lukas Hanna die Hand auf die Schulter. „Aber das können wir nachholen. Ja?"

„Morgen", meint Hanna mit einem Blick nach draußen. Das Gewitter scheint vorbei zu sein, der Regen lässt nach. „Jetzt muss ich nach Hause. Und du doch auch, oder?" Sie blickt Lukas schüchtern an, sieht seine durchnässten Kleider, seine zitternden Hände und den wachen Blick aus seinen schönen Augen.

„Alles klar. Morgen", wiederholt Lukas. „Am liebsten am Vormittag, dann muss ich nicht wieder so früh los, um den Fuchs als Erster zu füttern."

„Um halb elf, okay?" Hanna grinst schief. „Und ich muss mich nicht wieder unter irgendeinem Vorwand aus dem Haus schleichen."

„Also bis morgen." Lukas wendet sich schon zum Gehen, da dreht er sich noch einmal um. „Ich freue mich. Und ... Hanna? Vergiss die Eier für unseren Welpen nicht."

Kapitel 8

Vertrauen

„Sag mal, Hanna, wo treibst du dich eigentlich die ganze Zeit rum? Ich bin ja sonst nicht so furchtbar neugierig ... Aber du bist ja kaum noch zu Hause", fragt Hannas Mutter beim Abendessen. „Und deine Kleider, die du im Bad aufgehängt hast, sind pitschnass."

Hanna schiebt sich eine Kartoffel in den Mund und kaut ganz langsam. Erst als ihre Backen wieder leer sind, antwortet sie: „Ich bin einfach nur unterwegs und schaue, ob jemand Zeit hat. Und heute bin ich in dieses Gewitter geraten und konnte mich erst zu spät in einer Höhle in Sicherheit bringen."

„Und? Hast du jemanden unterwegs getroffen?", will ihr Vater wissen.

Hanna nickt. „Einen Jungen, er heißt Lukas."

„Ach, das ist ja schön. Wo wohnt er denn?"

„Das weiß ich nicht, Mama, aber ich frage ihn. Wir sehen uns morgen Vormittag wieder", antwortete Hanna wahrheitsgemäß und ist in diesem Augenblick ziemlich froh, dass sie wirklich noch nicht viel über Lukas weiß.

„Dann hast du ja morgen schon was vor." Die Stimme ihres Vaters klingt enttäuscht. „Sonst hättest du mit mir aufs Feld fahren können, ich muss ein paar Zäune reparieren."

Hanna zuckt entschuldigend mit den Schultern. „Tut mir leid, Papa. Ein anderes Mal gern."

„Spielst du noch eine Runde mein Brettspiel mit Ben und mir?", fragt Opa.

Hanna senkt den Kopf und starrt auf das Gemüse auf ihrem Teller. Am liebsten würde sie jetzt einfach nach oben in ihr Zimmer gehen, sich aufs Bett legen und darüber nachdenken, was morgen sein wird. Einfach mal allein sein.

Morgen wird sie Lukas auf jeden Fall fragen, wo er wohnt, wie seine Familie ist, ob er Geschwister hat und wie man auf der *Grauen Seite* lebt. Ein warmes Gefühl breitet sich in ihr aus. Sie freut sich schon wie verrückt darauf, Lukas Fragen zu stellen. Und sie kann es kaum erwarten, mit ihm den kleinen Fuchs zu füttern. Es fühlt sich an wie ein wunderbares, großes Geheimnis, das sie jetzt schon mit diesem fremden Jungen von der *Grauen Seite* teilt.

Hanna kommt sich auf einmal richtig erwachsen vor.

„Ich will nicht spielen. Ich will, dass du mir was vorliest, Hanna", meldet Ben sich zu Wort. „Jetzt. Sofooooort!"

Als er den strengen Blick der Schwester sieht, senkt Ben schuldbewusst den Kopf. „Ich will *bitte*, dass du mir was vorliest."

„Heute nicht, Benni. Opa möchte, dass wir mit ihm spielen."

Das Spiel, das Opa so gern mag, hat große, dreidimensionale Spielsteine, die sich auch in der Form unterscheiden. So kann Opa die Steine mit seinen Händen erfassen und im festen Spielbrett hin und her schieben.

„Das Schiebspiel ist doof." Ben verzieht das Gesicht.

Das kennt Hanna schon. Aber sie weiß auch, wie sie ihren kleinen Bruder überzeugen kann. Sie beugt sich zu ihm und flüstert ihm ins Ohr: „Du musst gar nicht selbst spielen, Benni. Ich spiele und du bist mein Berater. Du sagst mir, welche Züge ich machen soll. Das kannst du am besten von allen und dann gewinnen wir ganz bestimmt."

„Wir gewinnen, juhuu!"

Jetzt kann es Benni gar nicht schnell genug gehen. Als Hanna und ihre Eltern den Tisch abgeräumt haben, holt er das Spiel aus dem

Wohnzimmerschrank und baut es eifrig auf dem Tisch auf. Seinen Stuhl schiebt er ganz nah an den seiner Schwester, damit er auch jeden Spielzug genau beobachten kann.

Hanna und Ben gewinnen haushoch, aber Opa ist ein guter Verlierer.

In seiner Freude über den Sieg hält Ben nichts mehr auf seinem Stuhl und er tobt jetzt lieber mit Mirko ums Haus, sodass Hanna und Opa in aller Ruhe weiterspielen können.

„Du bist im *Grünland* gewesen, stimmt's?", fragt Opa, als nur noch Hanna und er in der Küche sind.

Hanna sieht ihn überrascht an. „Woher ...?"

Opa Paulus tastet nach Hannas Hand und streicht sanft darüber. „Wenn man blind ist, schärft das die anderen Sinne. Ich spüre, dass dich seit Tagen etwas beschäftigt. Und aus deiner Reaktion, als Ben erwähnt hatte, dass du schon einmal im *Grünland* warst, habe ich mir eben meinen Reim gemacht."

„Aber ich habe doch gar nichts gesagt", meint Hanna.

Opa Paulus schmunzelt: „Stimmt. Aber du hast heftig geatmet. Und weil ich ganz nah bei dir saß, habe ich das gespürt."

Hanna ist nicht wirklich überrascht, dass Opa Bescheid weiß. Manchmal hat sie das Gefühl, er könne ihre Gedanken lesen und ihr bis tief ins Herz sehen.

„Du verrätst mich nicht, Opa, oder?"

„Oje, falls mein Bruder mich früher immer verraten hätte, wenn ich etwas Verbotenes gemacht habe ... puh!"

Hanna überlegt. „Hast du wirklich Verbotenes gemacht oder sagst du das jetzt nur, damit ich dir alles erzähle?"

„Für manche Sachen braucht man Verbünde-
te." Opa lächelt. „Aber dafür habe ich eine Bedingung."

„Eine Bedingung?", flüstert Hanna. Vor Aufregung ist ihre Stimme nur noch ein Hauch.

„Wenn du den Jungen wiedergetroffen hast,
wenn du weißt, woher er stammt, wenn du
etwas über die *Grauen* erfahren hast, dann
möchte ich ihn auch kennenlernen."

Jetzt ist Hanna wirklich platt. „Aber Opa, dazu
müsste ich dich ins *Grünland* mitnehmen.
Sonst geht es doch nicht."

„Genau. Das ist meine Bedingung, und du
fragst dich jetzt natürlich, was das soll. Ich ver-
rate es dir, damit du sicher bist, dass wir uns
gegenseitig vertrauen können." Opa lehnt sich
entspannt in seinem Stuhl zurück. „Wir haben
damals einen Fehler gemacht, als wir die Mauer gebaut haben. Ich spüre es schon ganz lange
tief in mir drin." Opa seufzt. „Sei mir nicht
böse, Kind, es würde jetzt zu lange dauern, dir
den Grund für den Mauerbau zu erklären ...
alles zu seiner Zeit. Aber es kann einfach nicht
gut sein, Menschen voneinander zu trennen."

„Aber, aber für uns ist das doch egal", protestiert Hanna.

Seit sie Lukas kennengelernt hat, ist sie hin- und hergerissen. „Jeder lebt eben auf seiner Seite mit seinen Leuten."

„Genau, und so könnte es weitergehen. Es könnte. Aber willst du wirklich ständig etwas Verbotenes tun, nur weil du einen Freund treffen möchtest?" Opa Paulus schüttelt den Kopf. „Es gibt ein Lied, ich habe es früher gern gesungen, oft zusammen mit einem Freund. Darin heißt es: *Keiner der Menschen lebt ja vom Brot allein, gib uns Frieden.* Ja, wir haben hier auf der *Gelben Seite* alles, was wir brauchen. Wir haben genug Brot. Auch auf der *Grauen Seite* wird es sicherlich genug zum Leben geben. Aber – wie gerade gesagt – der Mensch lebt nicht vom Brot allein. Unsere Stadt ist geteilt, die Menschen auf beiden Seiten misstrauen sich. Freunde sind Feinde geworden. Das ist nicht gut, ganz bestimmt nicht. Ich wünsche mir nichts mehr als Frieden in unserer Stadt."

„Aber was kann ich dafür tun? Ich bin ein Kind!"

„Ihr Kinder seid die Zukunft. Und nur ihr könnt dafür sorgen, dass eure Zukunft nicht von Misstrauen geprägt ist. Seit Jahren denke ich darüber nach, ob die Mauer nicht mehr zerstört als erhalten hat." Opa Paulus holt tief Luft. „Du bist erst elf, Hanna, doch du kannst etwas tun. Für dich, für uns, für die Zukunft. Sei offen. Hab keine Vorurteile, ängstige dich nicht, mach dir ein eigenes Bild von dem, was dieser Junge dir erzählt. Dann wird alles gut."

Als Hanna an diesem Abend im Bett liegt, klingen Opas Worte in ihren Ohren nach, auch wenn sie nicht ganz verstanden hat, was er damit sagen will. Aber irgendwie fühlt es sich gut an, dass er Bescheid weiß und sie bei ihrer Geheimaktion unterstützt.

Kapitel 9

Freundschaft

Lukas sitzt schon im Schneidersitz unter dem Baum, hinter dem sich Hanna immer versteckt hat. Was Hanna als Erstes auffällt, ist die große Tasche, die er dabeihat. Was er da wohl hineingepackt hat?

„Schön, dass du da bist!" Lukas strahlt, als würde ein helles Licht in ihm brennen. „Hast du an die Eier gedacht?"

Hanna nickt. „Hoffentlich sind sie nicht schon Brei." Vorsichtig zieht sie eine Box aus ihrer Umhängetasche, dabei linst sie immer wieder verstohlen zu Lukas. Seine Augen sind blau wie ein Bergsee. Wunderschön!

„Puh, Glück gehabt, keine Matschepampe." Hanna grinst. Die Eier hat sie extra in ganz viel Papier eingeschlagen, damit nichts passiert.

97

„Sieht gut aus", meint Lukas, während er eins auswickelt. „Wie ein ganz normales Ei. Ist das nicht erstaunlich? Die Hühner legen  weder graue noch gelbe Eier, man könnte glatt meinen, dass ihnen die Seite egal ist, auf der ihre Eier gegessen werden."

Hanna kichert. „Meine Mutter fand es schon etwas seltsam, dass ich rohe Eier zu einem Picknick mitnehmen will. Aber dann habe ich ihr was aus dem Schulunterricht erzählt, dass man Eier sogar in Strohballen kochen kann."

Lukas schaut sie neugierig an. „Du hast sie nicht angeschwindelt, stimmt's?"

„Nicht wirklich." Hanna schüttelt den Kopf. „Das haben wir tatsächlich gerade in der Schule durchgenommen. Obwohl ... ich hab natürlich nicht dazugesagt, dass es mit diesen Eiern nichts zu tun hat."

„Aber du hast nicht gelogen", beharrt Lukas und sieht Hanna dabei in die Augen. „Ich kenne das. Meinen Vater und meinen Opa kann ich einfach nicht anlügen, das finde ich ... total unfair. Sie sind immer nett zu mir, deshalb bringe ich das irgendwie nicht übers Herz. Aber mal ein bisschen um den heißen Brei rumreden oder einfach mal keine Antwort geben, das lässt sich nicht immer vermeiden." Lukas lehnt sich an den Baum und verschränkt die Hände hinterm Kopf. „Kleine Notlügen halt", sagt er verlegen. „Siehst du das auch so?"

„Ja, ich kann einfach nicht lügen ... schon gar nicht bei meiner Familie oder bei Leuten, die ich gern hab." Hanna beißt sich auf die Zunge, dann platzt es aus ihr heraus: „Wirst *du* mich anlügen?"

Auf einmal ist es ganz still im Wald, kein Vogel ist mehr zu hören, das Rauschen des Windes hat nachgelassen, der Welpe ist immer noch nicht aufgetaucht. Als würde die Welt den Atem anhalten.

„Wenn ich dich anlügen würde, wäre alles vorbei." Lukas bohrt seine Schuhspitze in den Waldboden. „Wir dürfen uns nicht treffen. Das ist verboten. Aber es ist einfach passiert. Wenn wir jetzt nichts draus machen und die Gelegenheit nutzen, uns kennenzulernen, dann sind wir ganz schön doof."

Über so viel Ehrlichkeit muss Hanna lachen.
Aus den Augenwinkeln beobachtet Lukas, dass
sie zwei niedliche Grübchen hat. Wenn sie
lacht, hüpfen die Grübchen auf und ab, das
sieht hübsch aus. Überhaupt gefällt ihm Hanna ziemlich gut, noch nie hat er sich in der
Gegenwart eines Mädchens so wohlgefühlt.
Die Mädchen, die er kennt, sind ... irgendwie
ganz anders, langweiliger, nicht so ernsthaft
und gleichzeitig fröhlich und mutig wie
Hanna.

„Also ... ich fang an und erzähle dir etwas über
mich", erklärt Hanna. „Ich wohne mit meinen
Eltern, Noah und Judith Sperling, nicht weit
weg vom *Grünland* auf einem Bauernhof. Ich
habe einen kleinen Nervzwerg-Bruder, der
heißt Ben. Und einen blinden Opa mit Namen Paulus. Er weiß übrigens, dass wir uns
hier treffen, und irgendwie ... irgendwie habe
ich das Gefühl, dass er damit einverstanden
ist."

„Okaaaaaay", sagt Lukas gedehnt. Offenbar ist
er unsicher, wie er es finden soll, dass der Opa
eingeweiht ist. „Zu meiner Familie gehören

mein Vater, Mattis Traber, meine zwei älteren Brüder, Elias und David, und mein Opa Johannes." Lukas sieht an seiner Kleidung herunter. „Du hast es dir ja gestern schon gedacht, wir gehören zu den *Grauen*. Und die findet ihr doch komplett blöd, oder?" Er starrt Hanna herausfordernd an.

„Jetzt nicht drauf eingehen, mich nicht ärgern oder provozieren lassen", denkt Hanna.

„Was ist mit deiner Mutter?", fragt sie stattdessen.

„Was meinst du?", druckst Lukas herum.

„Du hast deine Mutter nicht erwähnt", wiederholt Hanna. „Was ist mit ihr?" Im selben Moment würde sie sich am liebsten selbst in den Arm kneifen. Argh, so eine blöde Frage! Wahrscheinlich ist seine Mutter ...

„Sie ist schon lange tot", bestätigt Lukas ihre Ahnung. „Ich war noch ganz klein."

„Tut mir total leid, dass ich ...", stammelt Hanna.

Lukas zuckt mit den Schultern. „Wenn schon ehrlich, dann richtig. Ist okay, ich hätte die gleiche Frage gestellt."

Einen Moment herrscht Schweigen. Bis Hanna einen Blick auf ihre Armbanduhr wirft, kurz überlegt und tief Luft holt.

„Wenn wir uns anschweigen, kommen wir nicht weiter." Sie sieht Lukas herausfordernd an. „Du hast gefragt, was wir über euch *Graue* reden, und du hast recht. Zu Hause höre ich nur Schlechtes über euch. Die *Grauen* lügen und betrügen, sie sind böse Menschen. Hinterlistig und faul."

„Krass", meint Lukas ruhig. „Aber genau das Gleiche könnte ich von euch *Gelben* auch behaupten. Ich habe nichts anderes gehört."

Hanna massiert sich die Schläfen. „Und das ist der Punkt. Verstehst du, Lukas? Wir *hören* ständig Dinge über die andere Seite, wir nehmen sie einfach so hin, aber wir verstehen sie nicht wirklich. Wir können sie auch nicht für falsch erklären, weil wir gar keinen Kontakt zur anderen Seite haben." Sie macht eine kurze Pause. „Mein Opa hat gesagt, dass wir beide, du und ich, die Chance haben, etwas zu verändern. Wenn wir nicht voreingenommen sind, sondern ganz offen. Was meinst du? Kannst du *mir* glauben, nicht den Leuten auf deiner Seite?"

„Ich weiß nicht", antwortet er ehrlich, „aber ich will es versuchen." Er deutet auf die Höhle. „Doch vorher sollten wir uns um den Welpen kümmern, er ist gerade aus der Höhle gekrabbelt. Und ich finde, er sieht aus, als hätte er ganz schön Kohldampf."

Minuten später schauen sie dem kleinen Fuchs zu, wie er gierig das erste Ei aufschlabbert, das Hanna in den Napf geschlagen hat. Und während Hanna die Schalen wieder sorgfältig in das Papier packt, um keine Spuren zu hinterlassen, breitet Lukas eine Wolldecke auf dem Boden aus. Mit ruhigen Händen legt er einen halben Laib Brot, Käse und Trauben darauf.

„Du hast ja etwas für uns beide mitgebracht. Und ich nur blöde Eier für den Fuchs", murmelt Hanna verlegen.

Lukas schnalzt mit der Zunge. „Na und?" Aus seiner großen Tasche zieht er eine Metallflasche mit aufgeschraubtem Becher. Den teilen sich die beiden, während sie gemeinsam Saft trinken, essen und lachen und reden. Staunend erfahren sie vom Leben auf der fremden Seite der geteilten Stadt. Von einem Leben, das ganz anders, aber genauso menschlich ist wie das eigene.

„Die meisten Leute bei uns arbeiten in einer der vielen Fabriken", erklärt Lukas. „Das will ich später auch mal und viel Geld verdienen. Deshalb gehe ich auch aufs Gymnasium. Ich will mein Abi machen und studieren." Er nimmt einen Schluck Saft. „Mein Vater wollte eigentlich Landwirt werden. Aber wegen der Mauer ... na ja, da musste er eben eine Stelle in der Fabrik annehmen."

„Gibt es bei euch denn gar keine Bauernhöfe?", fragt Hanna erstaunt.

Lukas schüttelt den Kopf. „Landwirte gibt es nur auf der *Gelben Seite,* Arbeiter und Ingenieure nur auf der *Grauen."*

„Pfff", zischt Hanna. „Wer hat das denn so bescheuert geregelt?"

Darauf weiß Lukas auch keine Antwort. Aber beiden fällt auf, dass sie sich über einige Dinge in ihrem jeweiligen Teil der Stadt noch nie Gedanken gemacht haben. Sie haben alles immer so hingenommen, wie es ist.

„Hast du viele Freunde?", will Lukas wissen.

Sie nickt. „Meine beste Freundin heißt Malin. Du würdest ihr bestimmt gefallen." Verlegen senkt Hanna den Blick. „Und du? Hast du Freunde?"

„Klar", meint Lukas. „Aber du bist das erste Mädchen seit dem Kindergarten, mit dem ich mich richtig gut verstehe."

Jetzt müssen beide kichern. Sie reden und lachen noch eine ganze Weile. Es ist schön, vom Leben auf der anderen Seite, der Familie, den Freunden, von der Schule, den Ängsten, Sorgen und Wünschen des anderen zu erfahren.

Kapitel 10

Schicksal

Lukas bleibt ganz ruhig stehen, als Opa Paulus ihn zwei Tage später vorsichtig berührt, Mund und Nase und die Augen ertastet und ihm sanft übers Haar streicht. Am Tag zuvor hatten Hanna und Lukas ausgemacht, dass Hanna ihren Opa mitbringen darf. Zum Dank dafür, dass er die beiden Kinder und ihre Treffen auf dem verbotenen Gelände nicht verraten hat.

„Er sieht mit den Händen", hatte Hanna Lukas erklärt. „Und er sieht in dein Herz."

„Was für ein Quatsch!", hatte Lukas da noch gedacht. Aber als der alte Mann vor ihm steht und ihn berührt, fühlt er einen kleinen, aufgeregten Vogel in seinem Herzen flattern.

„Du bist ein guter Junge", sagt Opa Paulus. Gerührt schließt er den Jungen fest in die Arme und seufzt. „Du erinnerst mich an einen

Freund, den ich vor langer Zeit hatte."

„Damals, als die Mauer noch nicht da war?", fragt Lukas mit bebender Stimme. „Du weißt noch, wie es war, als die Stadt nicht geteilt war, stimmt's?" Hanna hat ihm gesagt, dass er möglichst laut und möglichst in Opas rechtes Ohr hineinsprechen soll. Nur mit diesem Ohr kann Opa Paulus überhaupt noch ein bisschen hören. Deshalb treffen sie sich heute auch auf der Lichtung. Für ihren Fuchs wäre das Gespräch mit Opa viel zu laut, außerdem kann Opa Paulus nicht so weit durchs unwegsame *Grünland* laufen. Für Hanna war es bereits eine riesige Anstrengung, den blinden Opa bis zu dieser Stelle zu führen. Ständig musste sie ihn vor dem Stolpern bewahren.

„Danke dir, Hanna, dass du mich sicher hergebracht hast." Hannas Opa lässt sich von ihr zu einer großen Wurzel lenken, auf der er Platz nehmen kann. „Es ist eine Schande, dass wir

Erwachsenen euch immer behandeln, als wärt ihr schwächer und dümmer als wir, unwissender, noch nicht ernst zu nehmen." Er breitet die Arme weit aus. „Aber ihr seid viel weiter als wir Großen, das merke ich jetzt. Ihr seid offen und mutig, fürsorglich und geduldig. Und deshalb sollt ihr jetzt endlich die wahre Geschichte der geteilten Stadt hören."

Gespannt hocken sich Hanna und Lukas im Schneidersitz vor Opa Paulus auf den Boden. In ihren gemeinsamen Unterhaltungen hatten sie festgestellt, dass über die Mauer und wie diese entstanden ist auf beiden Seiten nicht gesprochen wird.

„Es gab eine Zeit", beginnt Opa Paulus, „als in den Fabriken auf der Seite der Stadt, die wir heute die *Graue* nennen, immer mehr Dinge produziert wurden. Töpfe und Pfannen, Stühle und Besen, Decken und allerlei Sachen für den täglichen Gebrauch. Das, was früher mit der Hand gefertigt wurde, stellten mit einem Mal Maschinen her. Und sie waren viel schneller als die Menschen. Es wurde fleißig fabriziert und gekauft. Auch die Leute, die auf der heutigen

Gelben Seite ihre Felder bestellten, brauchten diese Dinge. Und so wurden die Menschen auf der *Grauen Seite* immer wohlhabender."

„Das ist aber doch nichts Schlimmes, oder?", unterbricht Hanna ihren Opa.

Er schüttelt den Kopf. „An sich nicht, da hast du recht. Schlimm war nur, dass sie auf einmal hohe Zäune um ihre Häuser bauten, weil sie Angst hatten, dass ihnen etwas geklaut wurde. Die Menschen fingen an, sich zu misstrauen."

„Und darüber waren die Bauern sauer, oder?", will Lukas wissen.

„Das hat sie gestört, aber sie waren noch nicht wirklich böse darüber. Noch nicht. Das kam später. Als nämlich immer mehr Fabriken entstanden, weil die Menschen habgierig wurden. Große Teile des Landes wurden zugepflastert, riesige Hallen errichtet, Maschinen surrten und knatterten Tag und Nacht. Für Gärten und Felder, Wiesen und Weiden war kein Platz mehr. Mais und Kartoffeln, Kohl und Bohnen wuchsen allerdings auf der *Gelben Seite* in Hülle und Fülle, die Bauern verdienten nun immer besser mit dem Verkauf ihrer Feldfrüchte. Und dann schlich sich die Gier auch in ihre Herzen. Die Bauern sorgten sich um ihr Hab und Gut, sie fürchteten, dass ihnen die Menschen aus den Fabriken alles wegnehmen würden."

„Und da haben sie die Mauer gebaut", stellt Hanna fest.

Opa Paulus wiegt den Kopf hin und her. „Die Mauer war ihre Antwort auf die hohen Zäune."

„Aber es war falsch!", ruft Hanna verärgert. „Nur weil die anderen einen Fehler machen, muss man den nicht wiederholen. Zäune und eine Mauer, bloß weil jeder nichts abgeben wollte!"

„Weil sie nicht teilen wollten", brummt Lukas.

Opa Paulus senkt den Kopf. „Genau so war es."

„Und was hast du getan?", fragt Hanna streng.

„Du hast mir immer gesagt, dass ich noch zu jung für deine Geschichte bin, dass ich sie nicht verstehen werde. Aber jetzt ..."

„Jetzt bist du so weit", führt Opa Paulus ihren Satz fort. „Deshalb wollte ich unbedingt mitkommen, wenn du Lukas erst kennengelernt hast. Denn meine Geschichte ist eure Geschichte. Sie kann es zumindest werden. Ihr könnt sie zu einem guten Ende bringen."

Lukas kneift die Augen zusammen. „Das verstehe ich nicht."

„Ich hatte einen Freund. Er hieß Johannes und lebte auf der Seite, die jetzt die *Graue Seite*

genannt wird", spricht Opa Paulus weiter. „Sie fingen in der Nacht damit an, Steine an die Grenze zu schleppen, sie aufzuschichten, Mörtel zu rühren und einen Wall zu errichten. Als Johannes und ich davon erfuhren, wollten wir es verhindern. Wir wollten nicht, dass unsere Stadt geteilt wird. Aber da waren auf einmal so viele aufgebrachte Menschen. Es wurde

gestritten, die Leute haben sich geprügelt, aus Freunden waren plötzlich erbitterte Feinde geworden. Bei Hitze und Kälte, bei Wind und Wetter wurde weiter an der Mauer gebaut. Immer weiter, immer weiter."

„Und was hast du gemacht, Opa? Sag es mir, sag es mir endlich!" Hanna schreit jetzt und hämmert mit den Fäusten auf ihren Opa ein. „Was?"

„Ich bin immer wieder mit meinem Freund dorthin gegangen, um auf die Menschen einzureden. Aber eines Nachts, da … da ist es passiert. Irgendjemand hat angefangen, Steine zu werfen. Ein Stein hat mich im Gesicht getroffen, ich lag viele Wochen im Krankenhaus. Ich hatte mein Augenlicht verloren und konnte nicht mehr richtig hören. Als ich wieder nach Hause kam, war die Mauer fertig."

„Und Johannes?", flüstert Hanna.

„Johannes Kober, mein alter Freund. Ich habe ihn …"

„Johannes KOBER?" Lukas reißt die Augen auf. „So heißt mein Opa, der Vater meiner Mama. Er hat nie viel von sich erzählt, er war lange im Gefängnis, weil er die Mauer einreißen wollte.

Das hat meine Mama krank und traurig gemacht. Zumindest hat das mein Papa mal erzählt."

„Johannes lebt?" Die trüben Augen von Opa Lukas füllen sich mit Tränen. Freudentränen. „Ich möchte ihn unbedingt treffen. Bitte! Könnt ihr das für mich, für meinen alten Freund Johannes und mich tun?"

„Aber Opa, wie sollen wir das machen?" Hannas Stimme ist jetzt ganz weich. „Wir können ihn doch nicht auch noch hierherbringen. Spätestens dann erwischen sie uns bestimmt."

Opa Paulus lächelt. „Sie sollen euch sogar erwischen. Allerdings erst zur richtigen Zeit. Kommt ganz nahe zu mir, dann erkläre ich euch meinen Plan ..."

Kapitel 11

Das Versteck

Nachdem Hanna ihren Opa wieder nach Hause gebracht und Lukas seinem Opa von seiner Begegnung erzählt hat, packen die Kinder all die Dinge ein, die sie mit Opa Paulus abgesprochen hatten: eine Plane, zwei Schlafsäcke, Taschenlampen, Proviant für einige Tage, Milch für den Fuchswelpen. Zuvor haben sie mit

Hannas Opa die Höhle untersucht, in der Hanna beim Gewitter vor einigen Tagen Unterschlupf gefunden hatte. Sie eignet sich hervorragend, um dort einige Nächte zu verbringen. Opa Paulus lässt es sich nicht nehmen, die Höhle mit seinen Händen abzutasten, nachdem Hanna ihn hineingeführt hat.

„In Ordnung", sagt er schließlich und deutet auf seine Nase. „Hier war schon lange kein gefährliches Tier mehr drin, das würde ich riechen. Also alles bestens."

In der Nacht schleicht sich Hanna mit ihrem Gepäck und Opas Segen aus dem Haus. Vor dem *Grünland* warten bereits Lukas und sein Opa. Stolz stellt Lukas dem Mädchen seinen Großvater vor. Opa Johannes sei sofort Feuer und Flamme gewesen, die Kinder zu begleiten, nachdem Lukas ihm von seinem alten Freund Paulus erzählt hatte. Genau wie Hannas Opa es vermutet hatte. Mehr noch – mit Feuereifer will auch Lukas' Opa ab sofort den Plan unterstützen.

„Dieser alte Fuchs", flüstert er ergriffen, als Hanna ihm Grüße von ihrem Opa ausrichtet.

„Da hast du wirklich den besten Opa, den man auf der ganzen Welt haben kann. Mein alter Freund Paulus – hat den Kopf immer noch voller toller Ideen!" Aus den Augenwinkeln wischt er sich eine Träne. „Alles wird gut, und dann sehe ich ihn endlich wieder."

Johannes ist ein großer, hagerer Mann mit traurigem Gesicht und breiten Händen. Ein bisschen unbeholfen drückt er Hannas kleine Hand statt einer Begrüßung kurz an sein pochendes Herz und lächelt. „Du mutige Enkelin meines Freundes!"

Mehr muss er gar nicht sagen, damit Hanna weiß, wie groß seine Freude ist. Mit festen Schritten stapft er den Kindern voran zum Ein-

gang der Höhle und leuchtet ihren Weg mit seiner Taschenlampe aus.

Ganz anders zeigt sich der Wald jetzt in der Nacht. Überall raschelt es bedrohlich im Unterholz, Käuzchen rufen. Die Bäume sehen aus wie Monster, die ihre Finger nach Hanna und Lukas ausstrecken, über der Lichtung hängt kalter Nebel. Instinktiv greifen die Kinder nach der Hand des anderen und halten sich den ganzen Weg über fest.

„Da sind wir", brummt Opa Johannes, als sie an der Höhle ankommen. Flink richtet er sie so gemütlich wie möglich her, stellt eine Laterne auf kleine Flamme und lässt das Licht in der Höhle zurück, während er davor im Dunkeln auf dem Waldboden Platz nimmt.

„Bleibt er hier?", flüstert Hanna Lukas zu.

Der nickt. „Opa ist immer bei mir. Seit ich ein Baby bin, seit Mama tot ist. Er würde uns nie hier im Wald allein lassen."

„Aber das merken sie doch bei dir zu Hause, oder?"

„Nö." Lukas grinst. „Mein Opa wohnt nicht bei uns im Haus, er hat ein eigenes Häuschen am Rand unseres Grundstücks. Ich übernachte oft bei ihm. Und Papa ist ja fast immer in der Fabrik."

Hanna lächelt und schmiegt sich erleichtert in ihren Schlafsack. „Das ist gut. Opa hatte zwar keinen Zweifel daran, dass er auf uns aufpassen wird, aber ... ich habe es nicht geglaubt. Ich kenne ihn ja nicht ... und bis ich dich kennengelernt habe ..."

„Hattest du Angst vor den *Grauen*, versteh schon", meint Lukas lässig. „Mein Opa ist einer von den Guten. Vertrau mir."

Hanna nickt und sieht Lukas in die Augen. „Er ist Opas und dein Freund und du bist mein Freund. So kann ich jetzt beruhigt die Augen zumachen, dann habe ich keine Angst." Und tatsächlich ist sie kurz darauf eingeschlafen.

Lukas liegt noch eine Weile wach, hört die Füchse im Wald jaulen und eine Nachtigall singen. Jetzt kommen ihm die Geräusche nicht mehr bedrohlich vor, sondern völlig harmlos. So friedlich ist es hier, ausgerechnet in diesem verbotenen Gebiet, das sowohl zur *Gelben* als auch zur *Grauen Seite* gehört. Ob es nicht überall so sein könnte?

Vorsichtig, um Hanna nicht zu wecken, krabbelt er aus seinem Schlafsack und schleicht nach draußen zu seinem Opa. Ganz eng drückt er sich an ihn und lehnt den Kopf an seine breite Schulter.

„Ich hätte es schon viel früher tun sollen", flüstert Opa Johannes, „aber ich war immer zu feige. Ich hätte schon viel früher meinen alten Freund suchen und die Mauer einreißen sollen. Freundschaft geht immer über alles, kein Geld der Welt, keine Schranken sollten uns trennen. Aber ich war zu feige."

Lukas legt seine Hand auf die große Hand seines Opas.

Johannes stöhnt. „Blind ist er und fast taub, und ich habe immer gedacht, er will nichts mehr mit mir zu tun haben. Dabei konnte er gar nichts unternehmen." Er verbirgt das Gesicht in seinen Händen. „Ich war genau wie alle anderen. Selbstsüchtig, feige, bequem. Er hätte mich gebraucht, aber ich habe mich hinter dieser verdammten Mauer versteckt."

Lukas schlingt die Arme um seinen Opa. „Das ist doch jetzt völlig egal."

„Nein, ich war feige. Ich hätte es auch allein tun sollen, ich hätte die Mauer einreißen müssen, Löcher hineinsprengen, Steine herausbrechen."

Lukas knufft ihn in den Arm. „Guter Plan. Jetzt sind wir schon zu viert, bestimmt können wir auch die anderen aus unseren Familien überzeugen. Und dann reißen wir die Mauer ein. Alle Mauern!"

Mit diesem Gedanken schläft er ein.

Kapitel 12

Die Mauer

Zwei Tage und zwei Nächte, in der Dunkelheit stets von Opa Johannes bewacht, verbringen Hanna und Lukas im *Grünland*.

Tagsüber erkunden sie die Gegend, kümmern sich um den Fuchswelpen und sehen ihm begeistert bei seinen Spielen zu. Sie erforschen verschiedene Höhlen, beobachten seltene Vögel und entdecken eine riesige Kolonie von Wildkaninchen. Dazwischen reden und reden und erzählen sie. Zwei Tage lang haben sie Zeit, um alles über den anderen zu erfahren. Seine Wünsche und Träume, seine Sorgen und Nöte. Zwei Tage und zwei Nächte lang.

So lange dauert es, bis Opa Paulus auf der einen und Opa Johannes auf der anderen Seite den entscheidenden Hinweis auf den Aufenthaltsort der vermissten Kinder geben.

Dass Hanna sich in Begleitung von Lukas befindet und umgekehrt, verschweigen sie. Opa Paulus lässt Hannas Eltern genau wie Opa Johannes den Vater und die Brüder von Lukas im Glauben, dass ihr Kind von zu Hause ausgerissen ist. Nicht ganz ungewöhnlich in diesem Alter.

Natürlich sind Hannas Eltern und Lukas' Vater längst außer sich vor Sorge.

„Wie kannst du Hanna in solche Gefahr bringen? Warum verschweigst du uns so lange, wo sie steckt, wenn du es längst weißt?", schimpft Hannas Vater, als Opa Paulus den Zufluchtsort endlich verrät.

„Schwiegervater, was tust du uns an? Was soll das?", wundert sich Hannas Mutter. „Bist du von allen guten Geistern verlassen? Ein Kind allein im Wald, das, das ist ... verantwortungslos!"

„Du hast recht, Judith, ihr könnt das nicht verstehen. Noch nicht", sagt Opa Paulus mit fester Stimme. „Aber ihr werdet sehen, es ist das Beste für unsere Zukunft."

„Jetzt spinnt er völlig", mault ein Nachbar, der zur Unterstützung der Familie gekommen ist, und tippt sich mit dem Zeigefinger an die Stirn.

Mit Taschenlampen, Gewehren und Freunden machen sich Hannas Eltern von der *Gelben Seite* aus auf den Weg ins *Grünland*. Opa Paulus lässt es sich nicht nehmen, die Gruppe zu begleiten, auch wenn sie dadurch nur langsam vorankommen.

Auf der anderen Seite, der *Grauen Seite*, sind die Reaktionen nicht anders, als Opa Johannes endlich den Hinweis auf das Versteck von Lukas gibt.

„Ich hätte nie gedacht, dass du mir so etwas antun würdest", knurrt Lukas' Vater, während er eilig sein Gewehr aus dem Schrank nimmt.

„Das Schießeisen brauchst du nicht", brummt Opa Johannes. „Wir gehen nicht auf Großwildjagd, sondern holen nur Lukas aus dem *Grünwald*."

Mit hochrotem Kopf stellt Lukas' Vater das Gewehr wieder zurück und gibt seinen älteren Söhnen das Zeichen, ihm zu folgen. Seinen Schwiegervater würdigt er keines Blickes.

Der steht mit verschränkten Armen im Flur. „Ohne meine Hilfe findet ihr das Versteck nicht. Wenn ihr mich mitnehmt, geht es schneller."

Zähneknirschend lassen ihm der Vater und die Brüder den Vortritt. Unterwegs reden sie kein Wort miteinander, die Stimmung ist eisig.

Im *Grünland* haben Hanna und Lukas am Morgen eilig den Fuchs gefüttert, jetzt warten sie gespannt vor der Höhle. Die Sonne schickt goldene Strahlen vom Himmel, zaubert helle Flecken ins Gras und bringt die Umgebung zum Leuchten. Eine friedliche Stille herrscht über dem *Grünland*, bis ...

„Hanna!" Die Stimme ihrer Mutter hallt schrill über die Wiese.

„Lukas!", ruft sein Vater und stürzt auf die Höhle zu.

Von allen Seiten strömen und rennen nun Menschen zu den beiden Kindern: Hannas Eltern und ihr kleiner Bruder Ben, Opa Johannes, die Brüder von Lukas und sein Vater, Nachbarn und Freunde und ganz zum Schluss Opa Paulus, geführt von einer Nachbarin.

Schon an ihrem Äußeren ist leicht zu erkennen, wer zu welcher Seite gehört, und so stehen sich die Gruppen zunächst feindselig gegenüber, starren sich an und beschimpfen sich:

„Das hätten wir uns ja denken können, dass ihr *Grauen* unser Kind entführt habt."

„Von wegen! Das Mädchen ist schuld! Diese *gelbe Göre* da."

„Da sieht man es wieder! Genau deshalb haben wir die Mauer, denn ihr *Grauen* seid schlechte Menschen und betrügt, wo ihr nur könnt."

„Haltet eure frechen Münder, ihr *Gelben!* Ihr lügt doch sowieso nur."

So brüllen und schreien die aufgebrachten Menschen durcheinander.

Hanna lässt sich davon nicht beeindrucken. Mitten im größten Lärm, zwischen den gereckten Fäusten und den hochroten Köpfen geht sie ihren eigenen Weg. Sie packt Lukas bei der Hand und läuft mit ihm durch den Pulk der Schreienden auf Opa Paulus zu. Mit der anderen Hand greift sie die Hand ihres Opas und führt ihn zu seinem alten Freund Johan-

nes. Und dann liegen sich
die beiden Männer in
den Armen, weinen und
lachen gleichzeitig. Ihre
faltigen Gesichter leuch-
ten vor Freude.

Noch einen Moment
plärren und streiten
sich die Menschen aus
der geteilten Stadt.

Auf einmal ist Ruhe.

Alle starren auf Opa Paulus und Opa Johannes.

Den *Gelben* und den *Grauen*.

Dann auf Hanna und Lukas, der seinen Arm
um die Schulter der Freundin gelegt hat. Der
Graue und die *Gelbe*. Ganz friedlich vereint.

Hannas Mutter macht den ersten Schritt. Ihr
Gesicht ist tränenüberströmt, als sie Opa Paulus so glücklich wie seit Langem nicht mehr
sieht.

„Danke", sagt sie, reicht Lukas' Vater die Hand
und umarmt seine Brüder.

„Wofür?", will Lukas' Vater erst wissen, aber
dann versteht er.

Der Dank bezieht sich nicht auf ihn, sondern auf all das, was sie hier erleben. Auf die beiden Kinder, die den Erwachsenen zeigen, wie man friedlich und freundschaftlich miteinander umgehen kann. Auf die Idee von Opa Paulus, die verrückt und ein bisschen gefährlich, aber wichtig war. Auf die alten Menschen, die es nie begreifen konnten, dass sie viele Jahre durch eine Mauer aus Stein voneinander getrennt waren. Und auf den Moment, der allen hier die Augen öffnet, dass es so nicht weitergehen kann.

Die Mauer muss weg!

Langsam gehen die Leute aufeinander zu, schütteln sich die Hände. *Graue* und *Gelbe* stehen in Grüppchen beieinander, entfachen gemeinsam ein Feuer und reiben sich die klammen Finger darüber. Bis in den Abend erzählen sie sich Geschichten, allen voran Hanna, Lukas, Opa Paulus und Opa Johannes. Zwischendurch zeigen Hanna und Lukas den Geschwistern den Fuchswelpen, um den sich fortan alle abwechselnd kümmern wollen, sogar Benni.

Als die Nacht hereinbricht, gehen einige nach Hause. Aber nicht um zu schlafen, sondern um weiterzuerzählen, was an diesem Abend passiert ist. Die anderen machen sich auf den Weg zur Mauer. Die ersten Steine klopfen Hanna und Lukas heraus. Sie brauchen dafür eine kleine Ewigkeit. Aber als ein Loch sichtbar wird, fühlen sie sich wie befreit. Und während die Eltern und großen Geschwister, viele Nachbarn und Freunde weitermachen, wird es für Hanna und Lukas Zeit, schlafen zu gehen.

„Endlich werde ich wieder in meinem warmen, wunderbaren Bett liegen", schwärmt Hanna Lukas beim Abschied vor.

„Aber nicht zu lange", meint Lukas. „Denk dran, unser Fuchs wartet, dass wir ihm was zu futtern bringen. Und ... Hanna? Vergiss die Eier nicht! Bis morgen dann."

Von diesem Tag an sind Hanna und Lukas beste Freunde. Opa Paulus und Opa Johannes besuchen sich gegenseitig, wann immer sie wollen, und auch die Eltern auf beiden Seiten müssen sich eingestehen, dass es miteinander doch viel schöner ist. Und dass die Vorurteile über die jeweils andere Seite nichts als Erfindungen, pure Lügen sind.

Die Geschichte von Hanna und Lukas, von Opa Paulus und Opa Johannes verbreitet sich wie ein Lauffeuer in der ganzen Stadt. Noch in der Nacht werden etliche Löcher in die Mauer geklopft, überall entstehen Risse. Zum Erstaunen aller greifen die Wächter nicht ein, sondern lassen es einfach zu. Als hätten auch sie darauf gewartet, dass die unsinnige Trennung endlich aufhört.

Alle, die Freunde auf der anderen Seite der Mauer haben, packen ihr Werkzeug und hämmern und klopfen auf das Mauerwerk ein, tragen Steine ab ... bis die Mauer schließlich ganz verschwunden ist.

Als der Fuchs, um den sich Hanna und Lukas jeden Tag kümmern, groß ist, kann er nicht nur durchs *Grünland* streifen, sondern auch auf beiden Seiten der ehemals geteilten Stadt jagen.

Völlig frei.

Barbara Rose, geboren 1965, ist Kinderbuch-
autorin und Journalistin. Im Kinderfunk entstanden ihre ersten Geschichten für Kleine,
später wurden Bücher daraus. Sie lebt mit
Mann, vier Kindern und einer wechselnden
Tierschar in der Nähe von Stuttgart.

© Verlag Herder GmbH, Freiburg im Breisgau 2020
Alle Rechte vorbehalten
www.herder.de

Umschlagillustration: Angela Glökler
Gesamtgestaltung: Sandra Hacke, Dachau
Druck: CPI books GmbH, Leck
Printed in Germany

ISBN 978-3-451-71480-1

Poesie fürs Kinderzimmer

96 Seiten I Gebunden
ISBN 978-3-451-70849-7

Peter Pan, der kleine Junge, der nicht erwachsen werden will, wirbelt eines Abends ins beschauliche Leben von Wendy und ihren beiden Brüdern. Nie hätten die Kinder gedacht, einmal fliegen zu können! Aber da folgen sie auch schon Peter Pan und der Fee Tinker Bell auf die wunderbare Traum-Insel Nimmerland. Ein Klassiker der Kinderliteratur, fantastisch illustriert von Quentin Gréban.

In jeder Buchhandlung!

HERDER

www.herder.de

Die schönsten Tierfabeln

128 Seiten I Gebunden
ISBN 978-3-451-71422-1

Wer kennt sie nicht, die Geschichte von der Stadtmaus und der
Landmaus? Oder die Erzählung vom Fuchs, der dem Raben durch
Schmeicheleien ein Stück Käse abgaunert? Alle diese Fabeln
haben bis heute nichts an ihrer Aussagekraft verloren. Sie stellen
menschliche Fehler liebenswürdig und ironisch dar und sind gerade
deshalb so unterhaltsamen. Ein reich bebildertes Vorlesebuch für
die ganze Familie! Mit Erklärungen zu alten Sprichwörtern und
deren Tradition!

In jeder Buchhandlung!

HERDER

www.herder.de

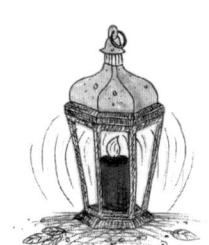

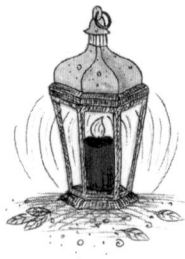